PUHUA BOOKS

我们一起解决问题

电商客服经理实战工作手册

主编◎滕宝红 徐梅

人民邮电出版社

北京

图书在版编目（C I P）数据

电商客服经理实战工作手册 / 滕宝红，徐梅主编
. -- 北京 : 人民邮电出版社，2022.2
ISBN 978-7-115-58416-8

Ⅰ. ①电… Ⅱ. ①滕… ②徐… Ⅲ. ①电子商务－商业服务－手册 Ⅳ. ①F713.36-62

中国版本图书馆CIP数据核字(2021)第269447号

内 容 提 要

电商公司不断地通过服务升级，为消费者带来了良好的用户体验。提到用户体验，一定离不开一个岗位，那就是“电商客服”。要想把客服工作做好，客服人员必须紧跟时代潮流，不断提升自己的综合素质。

本书通过全方位细化电商客服部各岗位的工作事项，从电商客服经理的视角，详细介绍了电商客服管理工作中应掌握的各项技能，内容涉及客户服务管理规划、客服团队管理、客户分类管理、服务流程管理、售前客服管理、售中客服管理、售后客服管理、客服沟通技巧管理、客服人员绩效管理等多个方面，可以有效地帮助电商客服经理提高管理效率和工作业绩，增强团队的凝聚力。

本书不仅可以作为电商客服经理自我充电、自我提升的学习手册和日常管理工作的“小百科”，还可以作为相关培训机构开展岗位培训、团队学习的参考资料。

◆ 主　　编　滕宝红　徐　梅
责任编辑　程珍珍
责任印制　彭志环

◆ 人民邮电出版社出版发行　　北京市丰台区成寿寺路 11 号
邮编　100164　　电子邮件　315@ptpress.com.cn
网址　https://www.ptpress.com.cn
三河市中晟雅豪印务有限公司印刷

◆ 开本：800×1000　1/16
印张：15　　2022 年 2 月第 1 版
字数：350 千字　　2022 年 2 月河北第 1 次印刷

定　价：75.00 元

读者服务热线：(010) 81055656　印装质量热线：(010) 81055316
反盗版热线：(010) 81055315
广告经营许可证：京东市监广登字 20170147 号

前　言

电商客服又被称为电子商务客服，是指电商行业企业为了获得新客户、留住老客户、提升客户满意度而开展的以客户价值为导向、以互联网为平台的一系列建立和维持电商客户关系的活动，包括受理各项订单业务（新增、补单、调换货、退货、撤单等）、进行客户调查、接受并处理客户投诉等。

客服经理是电商客服团队的领导者，其有责任建立完善的客服管理体系，监管客服工作，带领客服团队不断地提升客户服务质量，提高客户满意度；同时还要为运营销售做支撑，协助运营销售团队为公司创造良好的销售业绩。

本书内容分为三大部分。

◎第一部分介绍了电商客服经理的岗位认知，具体包括电商的介绍、客户服务以及电商客服、电商客服岗位等内容。

◎第二部分介绍了电商客服经理需要掌握的各项管理技能，如制订工作计划、汇报工作与下达指令、进行有效授权等。这部分内容特别强调了电商客服经理应积极进行形象自检，确保自己拥有良好的个人形象。

◎第三部分介绍了电商客服经理在日常工作中需要掌握的各项专业技能，具体包括客户服务管理规划、客服团队管理、客户分类管理、服务流程管理、售前客服管理、售中客服管理、售后客服管理、客服沟通技巧管理、客服人员绩效管理等。

通过对本书的学习，电商客服经理可以全面掌握电商客服管理工作涉及的各项技能，以便更好地开展工作。

本书具有以下五个特点。

（1）模块清晰。全书分为三大部分，即岗位认知、管理技能和专业技能。通过学习岗位认知部分，电商客服经理可以了解本部门的职责权限和工作内容；通过学习管理技能部分，电商客服经理可以掌握工作中需要用到的各项管理技能；通过学习专业技能部分，电商客服经理可以学到本岗位的各项专业技能。

（2）内容全面。本书的最大亮点是把电商客服经理需要掌握的知识和技能分解成 365 个知识点。一年 365 天，电商客服经理可以每天学习一个知识点，并将其应用到实际工作之中。

（3）版式新颖。本书每一章的前面都设计了一段资深电商客服经理与刚入职的客服经理助理的对话，这些对话简要归纳了每一章的知识要点，不仅能提升读者的阅读兴趣，也便于读者记忆。

（4）信息丰富。本书提供了大量的图表，以直观的形式展示相关知识点，便于读者阅读和学习。此外，书中还设置了“经典范本”“实用案例”等栏目，对相关知识点进行了丰富和拓展，为读者提供了更多有价值的信息。

（5）实操性强。现在的人们工作节奏快、学习时间有限，本书尽量做到去理论化、注重实操性，以精确、简洁的方式描述所有知识点，最大限度地满足读者希望快速掌握电商客服管理技能的需求。

本书由深圳市第三职业技术学校、深圳市中经智库文化传播有限公司策划，由知名管理实战专家滕宝红、徐梅主编。

由于编者水平有限，书中难免存在疏漏之处，敬请读者批评指正。

目 录

第一部分 岗位认知

第一章 电商介绍......2

第一节 电商基本知识......3
001 电商的概念......3
002 电商涵盖的内容......3
003 电商的构成要素......4
004 电商的关联对象......5
第二节 电商主要模式......5
005 传统电商......5
006 社交电商......5
007 生鲜电商......6
008 母婴电商......6
009 宠物电商......7
010 垂直电商......7
011 导购电商......7
012 跨境电商......8
013 小程序电商......8
014 尾货电商......8

第二章 客户服务......9

第一节 客户服务概述......10
015 客户的概念......10
016 客户服务的概念......10
017 客户服务的分类......10
018 客户服务的特性......11
019 客户服务的意义......11
020 客户服务的项目......12
021 客户服务的四个层次......13
022 客户服务的产出......13
第二节 客户服务管理......15
023 企业和客户的关系......15
024 产品和服务的关系......15
025 客户服务的重要性......16
第三节 良好客户服务的要素......16
026 情感性......16
027 适当性......17
028 规范性......17
029 连续性......17
030 效率性......17

第三章 电商客服......18

第一节 电商客服基本知识......19
031 电商客服的内涵......19
032 电商客服的核心职能......19
033 电商行业服务理念的变化......19

第二节　电商客服的分类......20

034　按途径划分......20

035　按所处阶段划分......20

036　按客服目的划分......20

第三节　电商客服的特点......21

037　工作语言须规范......21

038　工作内容常重复......21

039　服务对象多样化......21

第四节　电商客服的意义......21

040　塑造店铺形象......21

041　提高成交率......22

042　提高回头率......22

043　更好地服务客户......22

第四章　电商客服岗位......23

第一节　客服部门的职责权限......24

044　客服部门所处的位置......24

045　客服部门的职责......24

046　客服部门与其他部门的关系....24

047　客服部门与其他部门的配合....25

第二节　客服经理的岗位职责......26

048　客户服务与管理的规划......26

049　客服人员的管理......26

050　建立客户信息库......26

051　客户资信管理......26

052　提供客户服务......27

053　客户服务的监督与完善......27

054　与其他部门的沟通联系......27

第三节　客服经理的必备能力......28

055　饱满的工作热情......28

056　丰富的行业知识及经验......28

057　熟练的专业技能......28

058　沟通协调能力......28

059　表达能力......29

060　应变能力......29

061　挫折承受力......29

062　自我情绪控制能力......29

063　管理能力......30

064　学习能力......30

第四节　客服经理的个人修养......30

065　尊重为本......30

066　谦虚......31

067　宽容......31

068　诚信......31

069　勇于承担责任......31

第二部分　管理技能

第五章　基本管理技能......34

第一节　制订工作计划......35

070　工作计划的格式......35

071　工作计划的内容......35

072　制订当日工作计划......35

【实用案例】客服经理如何合理规划自己一天的工作......39

073　制订一周工作计划......40

074　制订一月工作计划......41

【经典范本01】月度重点工作指引....41

【经典范本02】月度工作计划......42

第二节 汇报与下达指令......43
075 向上级汇报工作......43
076 听取下级汇报工作......43
077 正确下达指令......44
第三节 进行有效授权......44
078 明确授权要素构成......44
079 避免踏入授权误区......45
080 掌握必要的授权方法......46
第四节 主持部门会议......47
081 把握会议时间......47
082 明确会议目的......47
083 尊重他人的意见......47
084 注意会议时机......47
085 公私分明......48
086 充分民主......48
087 明确会议流程......48
088 会后的跟进......48
第五节 参加各种会议......49
089 有准备地赴会......49
090 做好会前沟通......50
091 谋求沟通方法......50
092 重视活用数据......50
093 树立良好形象......51
094 保持积极态度......51
095 协助控制会场......52
第六节 日常沟通管理......52
096 了解常见的沟通方式......52
097 了解常见的沟通障碍......53
098 明确沟通方法......53
099 向上沟通......54
100 横向沟通......54
101 向下沟通......55
102 需要立即沟通的情况......55
103 掌握倾听的方法......56

第六章 自我管理技能......58

第一节 个人形象自检......59
104 男士形象自检内容......59
105 女士形象自检内容......60
第二节 自我反省......61
106 了解自我反省内容......61
107 做好自我反省记录......61
108 推广运用自我反省结果......62

第三部分 专业技能

第七章 客户服务管理规划......64

第一节 制定客户服务理念......65
109 客户服务理念的认知......65
110 客户服务理念的标准......65
111 制定服务理念前的思考......65
112 邀请全员参与制定......66
113 明确基本服务理念......66
【经典范本03】××公司服务理念......66
114 基本理念的具体化......66
【经典范本04】××公司的客户服务理念......66
115 客户服务理念的贯彻......68

第二节　制定客户服务标准……69
116　客户服务标准的重要性……69
117　客户服务标准的构成……69
118　建立服务标准的问题思考……70
119　客户服务标准的要求……71
120　客户服务标准的两个层面……72
121　客户服务标准的制定……73
122　客户服务标准的执行……73
第三节　制定客户服务管理制度……73
123　制度化管理的好处……73
124　管理制度的范围……74
125　管理制度的内容……75
【经典范本05】××电商公司客服部日常工作制度……75
126　管理制度设计考虑的因素……77
127　管理制度的设计原则……78
128　推行制度的配套措施……79
129　制度执行与监督……79
130　制度执行结果的处理……79

第八章　客服团队管理……80

第一节　组建高效服务团队……81
131　找准团队组建理念……81
132　明确团队战略目标……81
133　设计组织架构……81
134　严谨细致选拔成员……84
135　明确各岗位工作职责……85
【经典范本06】××公司客服部岗位职责……85
第二节　员工招聘与任用……87
136　电商客服的能力要求……87
137　审查潜在候选人……90
138　资历审查……90
139　面谈应聘者……90
140　员工试用……91
141　正式任用……91
第三节　员工培训与督导……92
142　员工培训的目标……92
143　新进人员培训……92
144　在职人员培训……93
145　培训的方式……94
146　督导的内容……95
147　督导管理方式……96
第四节　营造积极的团队氛围……97
148　建立激励制度……97
149　建设团队文化……99
150　重视员工想法……99
151　创造良好的办公环境……100
152　驾驭员工中的小团体……101
第五节　员工压力缓解与心理调适……101
153　了解什么是压力……101
154　客服人员压力不舒缓的后果……101
155　客服人员的压力来源……102
【经典范本07】压力来源诊断表……104
156　客服人员有压力的表现……105
157　舒缓压力的方法……106
158　进行有效的压力管理……107
159　降低消极心态的影响……109

第九章 客户分类管理……111

第一节 按照客户性格分类……112

160 沉默型客户……112
161 唠叨型客户……112
162 和气型客户……112
163 骄傲型客户……113
164 刁钻型客户……113
165 吹毛求疵型客户……113
166 暴躁型客户……114

第二节 按客户购买行为分类……114

167 理智型客户……114
168 贪婪型客户……115
169 冲动型客户……115
170 舆论型客户……115
171 VIP 型客户……115
172 谨慎型客户……116
173 感情型客户……116
174 随意型客户……116

第三节 按客户网购年龄分类……117

175 新手客户……117
176 “半瓶子”客户……117
177 老练客户……117

第十章 服务流程管理……119

第一节 设计服务流程……120

178 设计客服工作流程……120
179 分析客服工作标准……120
180 绘制图文并茂的 SOP……120

第二节 售前服务流程……121

181 售前客服工作内容……121
182 赠品申请流程……121
183 包邮申请流程……122
184 大宗交易申请流程……122
185 提供发票流程……123
186 咨询服务流程……123
187 推荐营销流程……124

第三节 售中服务流程……125

188 售中服务工作内容……125
189 催发货流程……125
190 快递查询流程……125
191 订单修改流程……126
192 订单催付流程……126
193 订单查询流程……127
194 更改物流流程……128
195 订单取消流程……128

第四节 售后服务流程……128

196 售后服务工作内容……128
197 退货流程……129
198 换货流程……129
199 返修流程……130
200 补偿流程……131
201 快递超区处理流程……131
202 错发货处理流程……132
203 回评流程……132
204 投诉处理流程……132
205 订单跟踪流程……133

第十一章 售前客服管理……134

第一节 向进店客户问好……135
206 留下良好的第一印象……135
207 快速响应……135
208 个性问候……135
209 拒绝用一个字回复……136

第二节 给客户推荐产品……136
210 看准客户购买需求进行精准推荐……136
211 帮助客户进行挑选……137
212 巧用客户心理……137
213 关联商品的推销……138
214 将选择权留给客户……138

第三节 处理客户异议……138
215 客户异议的概念……138
216 客户产生异议的原因及应对策略……139
217 需求异议……139
218 财力异议……140
219 权利异议……140
220 产品异议……141
221 价格异议……142
222 购买时间异议……142
223 服务异议……142
224 政策异议……143

第四节 售前客服销售技巧……143
225 咨询客户购买用途……143
226 询问客户购买预算……143
227 询问对产品的特殊需求……144
228 准确推介……144
229 介绍产品各项细节……144
230 坦诚介绍产品缺点……144
231 阐述产品优点……145
232 客观地介绍竞争对手……145
233 介绍产品过程中与客户互动……145
234 主动邀请客户购买……145
235 礼貌致谢……146

第十二章 售中客服管理……147

第一节 催发货处理……148
236 应对客户催发货的处理步骤……148
237 未到承诺发货时间的处理……149
238 承诺时间内已发货的处理……149
239 承诺时间内未发货的处理……150
【实用案例】应对买家催发货的处理方案……150
240 催发货处理技巧……151

第二节 催单催付处理……153
241 催单催付的意义……153
242 了解客户未付款的原因……153
243 催单催付方式……154
244 催单催付结果备注……156
245 催单催付注意事项……156

第三节 订单确认……157
246 核对订单信息……157
247 添加备注……158
248 礼貌告别……158

第四节 订单处理……159
249 未发货订单排查……159
250 缺货订单处理……160

251 异常订单处理......160
252 投诉订单处理......160
253 订单登记......161
254 下单发货......161
255 订单跟踪......161

第五节 客户信息整理......163
256 加客户为好友......163
257 对好友进行分类并建群......163
258 聊天记录存档......163
259 聊天记录交接......164
260 建立客户档案......164

第十三章 售后客服管理......165

第一节 售后客服的基本思路......166
261 树立售后服务观念......166
262 交易完成后及时联系客户......166
263 交易结束后的评价......167
264 不同客户不同备注......167
265 维护好忠实客户......167

第二节 普通售后处理......168
266 正常退换货处理......168
267 退款处理......169
268 普通维权的处理......170
269 退差价、邮费的处理......170
270 回评邀请......171

第三节 特殊售后处理......171
271 特殊售后服务的特点......171
272 严重投诉、维权的处理......171
273 严重退款纠纷处理......172

第四节 中差评处理......173
274 中差评处理流程......173
275 时效性第一......173
276 分析中差评原因......174
【实用案例】不同原因导致中差评问题的解决措施......174
277 沟通工具的选择......175
278 沟通时间的选择......175
279 沟通时机选择......175
280 沟通判断选择......175
【实用案例】客服人员处理中差评的沟通技巧......176
281 中差评数据分析......177

第五节 客户投诉处理......177
282 快速响应......177
283 热情接待......177
284 表示愿意提供帮助......177
285 引导客户的思绪......178
286 耐心倾听......178
287 认同客户感受......179
288 诚恳道歉......179
289 做出必要解释......180
290 提出补救措施......180
291 告知客户并及时跟进......181
292 获得反馈......181

第十四章 客服人员沟通技巧管理......182

第一节 售前接待技巧......183
293 树立端正、积极的态度......183
294 有足够的耐心和热情......183

295 微笑待客......183
296 礼貌待客......184
297 用语规范......184
第二节 针对性沟通技巧......186
298 针对产品了解程度的沟通......186
299 针对价格要求不同的沟通......186
300 针对产品要求不同的沟通......187
第三节 说服客户的技巧......187
301 调节气氛，以退为进......187
302 争取同情，以弱克强......187
303 消除防范，以情感化......188
304 投其所好，以心换心......188
305 寻求一致，以短补长......188
第四节 应对议价的技巧......188
306 较小单位报价法......188
307 证明物有所值......189
308 适当让步......189
309 分摊商品的价格......189
310 婉转回绝......189
311 使客户有满足感......190
312 不要一开始就亮底牌......190
313 采取多次降价......190
314 善于纠正客户指出的产品瑕疵......190
315 积极引导客户多拍产品......191
316 坚守价格底线......191
【实用案例】如何应对砍价的买家......191
第五节 促成交易的技巧......192
317 利用“怕买不到”的心理......192
318 利用“早点到手”的心理......193
319 让客户“二选一”......193
320 帮准客户挑选......193
321 巧妙反问......193
322 积极推荐......194
第六节 与客户沟通技巧......194
323 凡事留有余地......194
324 多为客户着想......194
325 多听客户心声......194
326 多检讨自己......195
327 多理解客户......195
328 多体谅客户......195
329 保持相同的谈话方式......195
330 对客户表示感谢......196
第七节 售后服务技巧......196
331 引导客户说出他的疑问......196
332 提出解决方案，挽留客户......196
333 通过沟通，让双方做出让步......196
334 引导客户给予好评......197
335 好评一定要回复......197
336 货物在运输过程中损坏要先补偿客户......197
337 适时给予客户关心......197
338 平和的心态处理客户投诉......197
第十五章 客服人员绩效管理......198
第一节 绩效管理规划......199
339 什么是绩效管理......199
340 绩效管理的三个层面......199
341 相关部门和人员在绩效管理中的分工......200

342 管理者在绩效管理中的责任...201
343 员工在绩效管理中的责任......201
344 绩效考核小组的构成.............202
345 绩效考核方法的确定.............202
346 绩效考核周期的确定.............204

第二节 绩效考核指标设计 205

347 什么是绩效考核指标.............205
348 绩效考核指标的设计步骤......206
349 绩效考核指标的设计原则......207
350 关键绩效指标的设计步骤......207

【经典范本08】客服人员绩效考核表 208

第三节 绩效计划制订 213

351 什么是绩效计划.....................213
352 绩效计划书的内容.................213
353 谁来制订绩效计划.................213
354 制订绩效计划的准备.............213
355 绩效计划的沟通......................214
356 绩效计划的确认......................216

第四节 绩效考核实施 216

357 开展绩效管理培训.................216
358 开展绩效辅导..........................219
359 开展绩效评估..........................220
360 绩效面谈..................................221

第五节 绩效考核结果应用 223

361 用于招聘决策..........................223
362 用于员工报酬分配和调整......224
363 用于人员调配和职位变动......224
364 用于确定客服人员培训需求....224
365 用于客服人员个人发展计划....225

第一部分

岗位认知

第一章　电商介绍

导读 >>>

随着互联网普及率的不断提高，我国的电商行业发展迅速。2020年，我国移动电商用户规模已达到7.88亿人。

Q 女士：“A 经理，您在电商客服领域深耕多年，既是行业翘楚，也是我们后辈学习的榜样！”

A 经理：“哈哈，过奖！翘楚谈不上，但我确实积累了一些工作经验。”

Q 女士：“在今后的工作中，我要向您好好请教！”

A 经理：“没问题，有不懂的尽管来问我。”

Q 女士：“不瞒您说，我掌握的有关电商客服方面的知识非常有限，实践经验很少。”

A 经理：“只要认真学习，我相信你是能够胜任本职工作的。那么让我们从了解电商开始吧！”

说明：A经理是一名拥有多年工作经验的电商客服经理；
Q女士是一名刚入职的客服经理助理。

第一节　电商基本知识

001　电商的概念

电商是电子商务的简称，是指以电子交易为手段、以商品交换为中心的商务活动。电商是电子化、网络化、信息化在传统商业活动各环节中的直接呈现。电商也可理解为在企业内部网（Intranet）、增值网（Value Added Network，VAN）和互联网（Internet）上以电子交易的方式进行交易与提供相关服务的活动。

电商有广义和狭义之分，具体如图 1–1 所示。

图1-1　电商的广义和狭义之分

002　电商涵盖的内容

电商的概念不管是从广义还是狭义方面来理解，它都涵盖了两个方面的内容，具体如图 1–2 所示。

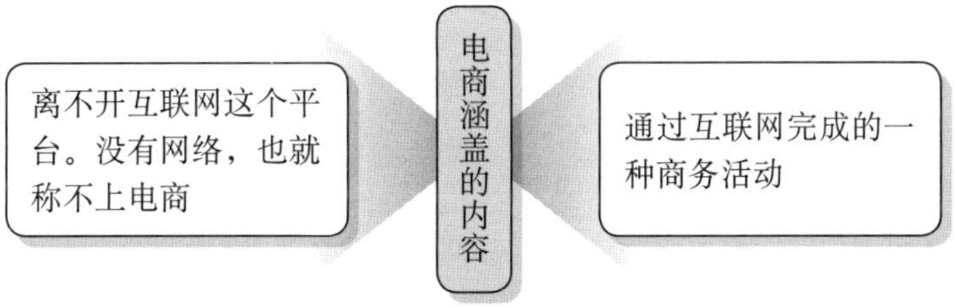

图1-2　电商涵盖的内容

人们通常理解的电商是狭义上的电商，是指通过使用计算机、网络、App 软件、小程序等电子工具在全球范围内进行商务贸易活动，即以互联网为基础进行各种商品交易活动。

003　电商的构成要素

电商通常由商城、消费者、产品、物流四大要素构成，如图 1–3 所示。

图1-3　电商的构成要素

这四大要素又形成了三种不可或缺的关系，具体如图 1–4 所示。

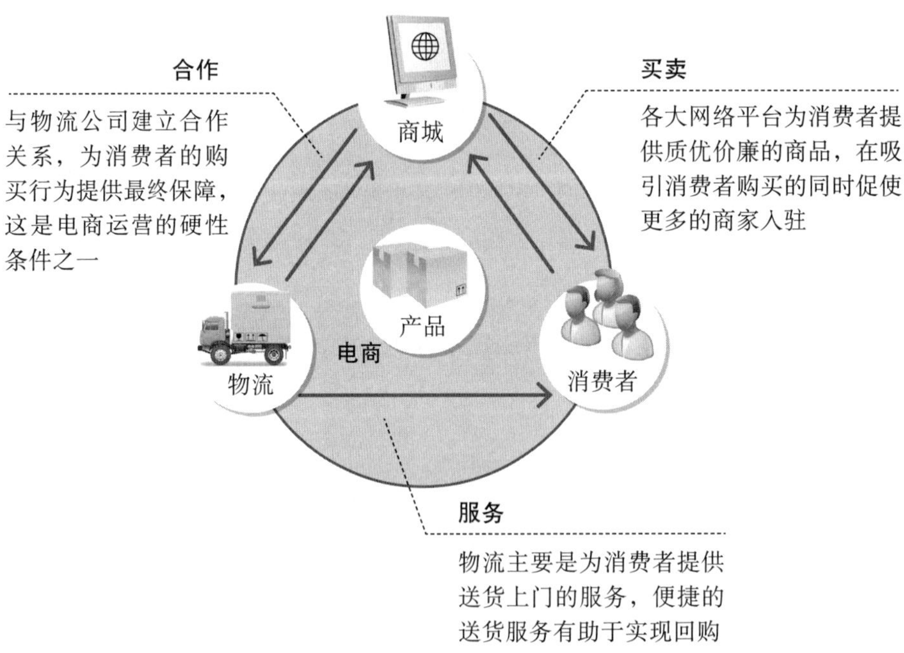

图1-4　四大电商要素形成的三种关系

004 电商的关联对象

电商的关联对象主要有以下四个。

1. 交易平台

第三方电子商务平台（以下简称第三方交易平台）又被称为第三方电子商务企业，是指由买卖双方之外的第三方搭建的为买方和卖方开展电子商务服务的平台。

2. 平台经营者

平台经营者是指在电子商务活动中为交易双方或多方提供服务的自然人、法人和其他组织。

3. 站内经营者

站内经营者是指通过第三方交易平台进行交易及提供有关服务活动的自然人、法人和其他组织。其通常需要向平台经营者提交营业执照、身份证明、联系方式等必要信息。

4. 支付系统

支付系统，有时又被称为清算系统，是由提供支付清算服务的中介机构，通过通信、计算机、信息安全技术及资金清算的专业技术，在商家和银行之间建立连接，从而实现消费者、金融机构以及商家之间债权债务清偿及资金转移的一种金融安排。

第二节 电商主要模式

005 传统电商

传统电商是指整合零售、营销、物流、金融等业态，通过电商平台将传统商业活动进行电子化和网络化的企业。其目的在于使消费者通过互联网进行购物和支付,从而提高组织效益，分摊服务成本。

传统电商平台有许多，如淘宝／天猫、京东、唯品会、网易考拉、小米有品、苏宁易购、网易严选等。

006 社交电商

与传统电商不同的是，社交电商是以消费者的人际关系为着力点，借助微信、微博、抖音等社交工具或网络媒介的传播途径，从事商品或服务销售的经营行为。在这一过程中，人们会充分运用关注、分享、沟通、讨论、互动等社交化元素。

目前，主流的社交电商模式有表 1–1 所示的四种。

表1-1　主流的社交电商模式

序号	模式	具体说明
1	社交内容电商	在这一模式下，平台依托优质的社交内容引导消费决策，按照平台商品是否自营的方式可以划分为闭环型（如小红书、每日一淘）和导流型（如什么值得买）两类
2	社交分享电商	在这一模式下，平台依托用户的社交关系链推动用户裂变和商品传播，按照平台商品是否自营的方式可划分为拼购型（如拼多多）和分享型（如直播带货模式）两类
3	社交零售电商	在这一模式下，平台依托零售能力实现增量挖掘与存量优化，按照传统电商的划分方式可分为三类：B2C[①]型（如苏宁拼购）、S2B2C[②]型（如云集微店）、LBS[③]型（如食享会）
4	社交电商服务商	在这一模式下，平台依托大数据技术、通信技术和专业服务为社交电商在销售的各个环节赋能，按照提供的服务类型可划分为三类：撮合服务（如各电商平台代入驻服务商）、工具服务（如有赞）、咨询服务（如各类社交电商培训机构）

007　生鲜电商

生鲜电商一般指生鲜产品电子商务，是指用电子商务的手段在互联网上直接销售生鲜类产品，如新鲜水果、蔬菜、肉类、鱼类等。代表电商如叮咚买菜、盒马鲜生、美团买菜、每日优鲜等平台。

008　母婴电商

母婴电商是指以孕妇、产妇、婴儿、儿童这四类人群的用品及周边服务为主营业务的垂直类电商平台。目前，母婴电商以线上自营母婴产品为核心，有图 1–5 所示的四种产业模式。

① B2C的全称为Business to Consumer，意思为直接面向消费者销售产品和服务商业的零售模式。
② S2B2C是一种集合供货商赋能于渠道商并共同服务于客户的全新电商营销模式。
③ LBS的全称为Location Based Services，意思为围绕地理位置数据而展开的服务。

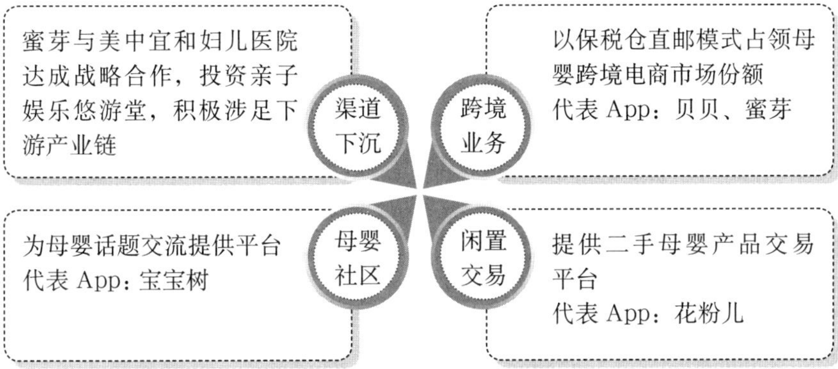

图1-5 母婴电商的产业模式

009 宠物电商

宠物电商是指以宠物用品（食物、服装、日常用品等）和周边服务（宠物医院、养护咨询、上门美容、洗澡等）为主营业务的垂直类电商平台。代表电商如 e 宠商城、波奇宠物等。

010 垂直电商

垂直电商是指对某一个行业或细分市场进行深化运营的电子商务平台。早期的垂直电商有卷皮网、折 800 等，目前有主打“大牌品质、工厂价格”的用户直连制造（Customer-to-Manufacturer，C2M）反向定制平台——必要。必要是全球首家 C2M 模式的电子商务平台，旨在通过用户直连制造商，实现用户到工厂的直线连接，去掉了传统零售中的所有中间环节，使消费者以较低的价格买到较高品质的产品。

011 导购电商

导购电商是一种将第三方平台商品过渡到自己导购平台的一种商务形式。它作为连接用户和电商、品牌商的中间平台，以按销售付费（Cost Per Sales，CPS）佣金模式和广告作为主要收入来源。

做得比较成熟的导购电商有花生日记平台，发展势头比较好的导购电商有淘小铺、芬香等。

012 跨境电商

跨境电商是指分属不同关境的交易主体，通过电子商务平台达成交易、进行电子支付结算，并通过跨境电商物流及异地仓储送达商品，从而完成交易的一种国际商业活动。据相关数据显示，2020 年我国跨境电商交易规模达 12.5 万亿元，同比增长 19.04%。2021 年上半年我国跨境电商交易规模达 6.05 万亿元。在跨境电商进出口整体交易规模中，2020 年出口额占比达 77.6%，跨境出口电商整体交易规模约为 9.7 万亿元，同比增长 20.79%。

出口领域做得比较好的跨境电商有 Shopee、Akulaku、Lazada 等；进口领域做得比较好的跨境电商主要集中在头部电商平台，如天猫国际、网易考拉、京东国际等。

013 小程序电商

小程序电商是一种不需要用户下载、不需要占用户手机内存、不需要用户注册就可以打开并购物的应用软件。小程序电商将电商和社交完美地结合起来，从而在社交圈内实现裂变营销。

小程序电商自 2017 年 1 月 9 日正式上线以后，基于小程序生态的电商模式就不断涌现，如拼多多、京东、小电铺、腾讯智慧零售等。

014 尾货电商

尾货电商是指上游品牌方或代理商借助线上交易平台，向下游直接面向 B 端（企业用户）或小 B 客户，提供库存商品交易，以清理库存处理尾货的电商平台。目前做得比较好的尾货电商有主打“品牌分销商首选”的爱库存。

第二章　客户服务

导读 >>>

随着社会的发展，消费者对于一个品牌、一种产品或者一家公司的认知已经从简单的质量好坏转变成服务好坏，而且随着绝大部分产品的技术同质化，客户服务的好坏决定了消费者忠诚度的高低。

Q 女士：“我发现，在当今社会，不管是哪个行业，都很注重客户服务这一项工作。”

A 经理：“是的，客户服务是连接客户和企业的桥梁，通过客户的咨询、反馈、投诉等问题发现企业存在的不足，以改善产品质量和服务规范，改进服务理念。客户服务的目的就是增加用户对企业的信心和忠诚度，从而提升企业的信誉度和口碑，提高企业的业绩。客服服务对企业的长期发展有重要的作用。”

Q 女士：“听您这样一说，我更加理解客户服务的重要性了。”

A 经理：“理解就好！”

第一节　客户服务概述

015　客户的概念

客户是指通过购买产品或服务来满足其某种需求的自然人或组织。客户是产品或服务的采购者，他们可能是代理人、供应链内的中间人或者是最终的消费者。

016　客户服务的概念

客户服务简称客服，是指企业在实现销售的过程中，收集、保管客户信息，向客户介绍产品相关信息，解答客户疑问，维护产品价值，解决产品问题的行为。

客户服务是基于一种以客户满意为导向的价值观，为提升客户满意度、提高客户回头率而提供一系列服务。广义而言，只要是能提高客户满意度的业务事项都属于客户服务的范围。客户满意度是一个相对的概念，是客户期望值与体验值的匹配程度。通俗地说，是指客户体会到的其实际“感知”的待遇和“期望”的待遇之间的差距。

017　客户服务的分类

根据不同的分类标准，可将客户服务分为不同的类型。

1. 按服务方式分类

客户服务按服务方式可划分为人工客服和电子客服，其中人工客服又可细分为三类，即语音客服、文字客服和视频客服。语音客户服是指以语音为主要形式进行的客户服务；文字客服是指以打字聊天为主要形式进行的客户服务；视频客服是指以语音视频为主要形式进行的客户服务，如图 2–1 所示。

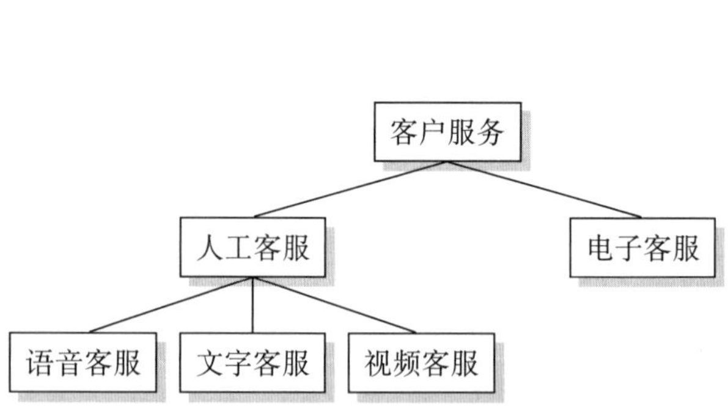

图2–1　按服务方式对客户服务分类

2. 按服务流程分类

客户服务按服务流程可分为图 2–2 所示的三类。

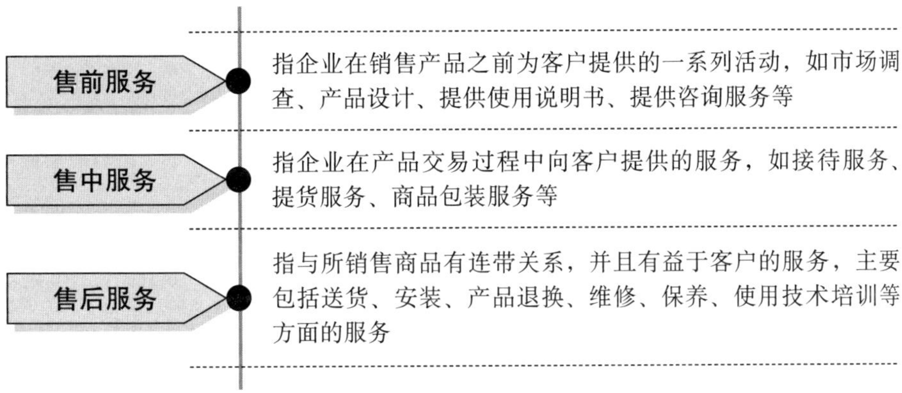

图2-2　按服务流程对客户服务进行分类

018　客户服务的特性

客户服务具有图 2–3 所示的特性。

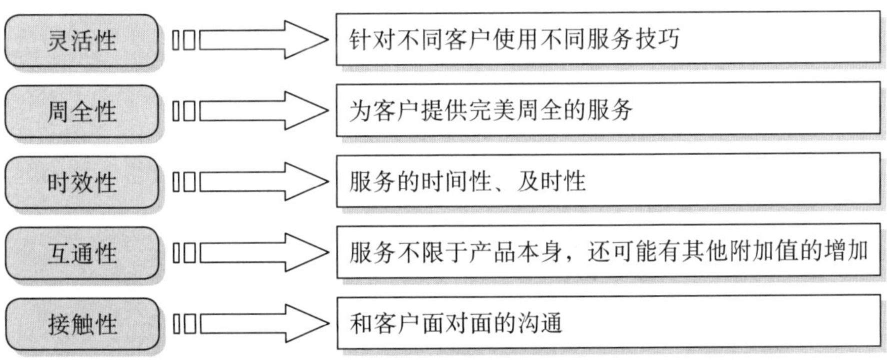

图2-3　客户服务的特性

019　客户服务的意义

客户服务的意义如图 2–4 所示。

1. 任何一家企业都需要设置一个超脱于企业中其他所有链条的、独立为客户提供专业服务的部门
2. 结合企业各自不同的实际情况，因地制宜建立适合本企业的客户服务中心
3. 帮助企业准确地把握市场发展的方向，及时化解客户对于所消费的产品和服务产生的异议与问题
4. 能够联系企业与客户间的感情，维护并营造企业良好的形象，最终实现培养客户对于企业和产品忠诚度的长远目标

图2-4　客户服务的意义

020　客户服务的项目

客户服务的项目有很多，主要项目有表 2–1 所示的八个方面。

表2-1　客户服务的项目

序号	服务项目	具体内容
1	接待客户和访问客户	这是企业和客户直接联系的主要方式，它有助于企业及时了解客户的要求和意见，是收集客户信息的主要渠道之一。接待客户主要包括来访接待、来电处理。访问客户是企业每年有计划、有针对性地组织企业高层和营销人员对客户的拜访
2	咨询服务	企业运用专业知识为客户提供业务咨询服务和技术咨询服务。业务咨询服务是根据客户对产品的使用要求，向客户介绍本企业的情况，解答客户提出的各种问题，帮助其进行选购等。技术咨询服务是指向客户详细介绍产品的质量、性能、主要技术参数、生产过程、检测手段以及能耗等技术经济指标，为客户提供使用说明书或样品，为其答疑解惑
3	质量“三包”服务	在规定的使用条件下和一定的使用期限内，客户若发现产品有质量问题，企业负责为客户包修、包换、包退，必要时还要承担由此产生的经济损失。企业应本着“质量第一”和对用户负责的思想，具体规定产品“三包”的范围、期限，并明确划分责任

（续表）

序号	服务项目	具体内容
4	安装和调试	这项服务直接关系产品效能的发挥，影响产品的竞争能力和企业声誉，对于技术性强的产品来说尤为重要
5	备品配件供应	备品配件供应是销售服务中一项重要的内容，目的是消除客户的后顾之忧。企业应纠正“重主机，轻配件”的经营思想，要重视备品配件的生产，多渠道组织、供应备品配件，能让客户及时采购
6	技术培训	产品售出后，企业还必须对客户进行相关培训，以保证客户正确使用产品，合理高效地发挥产品作用
7	巡回检修	企业本着对客户负责的精神，建立巡回检查制度，定期上门为客户进行产品的检查、维修和保养服务
8	特种服务	企业运用自己的科研技术条件扩大服务范围，开展各种特殊服务，满足不同客户的特殊需求，如开展产品的租赁服务

021　客户服务的四个层次

客户服务的四个层次如图 2-5 所示。

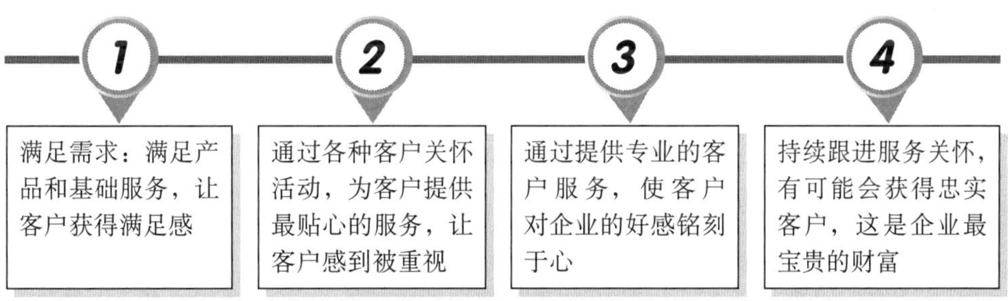

图2-5　客户服务的四个层次

022　客户服务的产出

很多企业认为，客户服务是一种成本支出，并不会直接产生经济效益。其实这是一种错误的观念。客户服务是一个投入产出的过程，尽管从表面上看它并不会产生经济效益，但实际上客户在接受服务时获得了满足感，可能会重复购买，可能会做一个间接的产品宣传和推介者，因而企业通过让客户满意可以直接或间接地获得经济效益。

客户服务的产出体现在图 2–6 所示的四种创造过程中。

图2-6　客户服务的产出体现

1. 客户创造

企业开展客户服务，有助于稳定客户，使客户成为企业的忠诚客户。尤其是企业对一些核心客户提供的“以客户为中心，客户至上”的服务，有助于使这些客户保持长期稳定。这些忠诚客户又会带来新的客户。从理论上来讲，客户服务使产品增加了价值，也创造了服务价值，从而提升了客户的受让价值，使企业在竞争中更加具有优势。

2. 利益创造

客户创造的过程也就是利益的创造过程，当客户群不断增大、客户采购量不断增加时，规模效益就充分地体现出来。另外，客户服务有助于企业树立良好的形象，良好的企业形象反过来又会推动产品价值的增加，这种互为因果的影响会为企业带来可观的利益。

3. 人才创造

客户服务的宗旨是“以人为本、客户至上”。客户服务的基础是人与人之间的有效沟通。客服人员在这一活动过程中可以不断地提升自身的素质和服务水平，从而提升营销能力。这也间接地为企业培养了优秀人才。

4. 业务创造

企业通过客户服务可以及时、准确地了解消费的趋势、市场环境的变化，从而为企业的业务调整提供信息，也为企业拓展新的业务创造了条件。同时，客户服务的开展有可能使其本身发展成一种独立的能够直接对外营业并获利的新业务。

第二节 客户服务管理

023 企业和客户的关系

现在有很多企业提倡“把客户当作企业命运共同体之一”“客户利益至上”等，这些认识和观念都不错，但是企业和客户的关系到底是什么，是企业和客户必须厘清的一个重要问题。具体来讲，分为以下两个方面。

1. 客户对于企业而言

客户是企业产品销售最有力的推销员，是企业产品和形象最具说服力的宣传员，是考评企业服务人员（包括售前、售中、售后服务人员）或现场工作人员绩效的主考官（权重系数最大），是企业产品质量和服务质量的评估者。

2. 企业对于客户（特指企业客户）而言

企业是促进客户与客户之间健康竞争、共同发展的推动者，是促进客户创新经营和服务的引导者、推动者，是持续增强客户社会竞争力的技术支撑者，是实现客户现实生活中正常运营的后援、即时保障者。

024 产品和服务的关系

客户服务贯穿产品销售的整个过程，也就是在产品的售前、售中、售后都应该提供客户服务，而不只是在售后才提供。在售前就有客户服务的内容和要求，如指导客户依据实际情况（环境、经济实力、技术实力等）选择合适的产品。售前的客户服务注重技术交流，以信息、技术咨询服务为主要内容，如产品的性能、技术参数；售中的客户服务注重技术交底，如帮助客户开展使用人员的岗位养成和认证、上岗培训；售后的客户服务则注重技术交代，如产品的维护、维修、跟踪服务、升级换代指导等。可以说，产品是硬件，服务是软件，硬件和软件要相互作用，互为前提，缺一不可。如果服务不到位或跟不上，产品的功能和价值就难以充分体现，从而不能发挥正常的作用；如果产品达不到客户的需求，服务也就难有用武之地。

025　客户服务的重要性

对于企业来说，要想创造好品牌、做好市场推广、将产品推销出去，没有客户服务的支撑是很难成功的。因为现在的消费者对客户服务内容、水平的要求越来越高，如果企业只有好产品、好品牌，而没有提供好的服务，就很难让消费者满意。

企业要想获得长足发展，就必须重视客户服务。因为服务观念已渗透到社会每一个领域。从商业意义上来讲，如果没有良好的客户服务，一旦出现能提供优质客户服务的竞争对手，客户可能就会选择竞争对手。

在竞争激烈的商业环境下，客户服务的价值就更明显了。对企业来说，客户服务是获得竞争力的重要途径；对客户来说，服务的好坏成了衡量一个企业是否值得自己继续关注的重要标准。

相关研究表明如下。

（1）在同一个行业中，企业的产品优势在“硬件”方面只占5%，而且很容易被“抄袭”和“超越”；其他的优势体现在“软件”方面，且不容易被“抄袭”和“超越”，而在所有“软件”中，客户服务是最容易产生差异的因素。

（2）客户服务的质量是整体产品质量的重要组成部分，是客户是否决定购买和重复购买的因素之一。

（3）在服务型经济社会里，只有客户满意度高的企业才能得以生存，才会取得成功，没有客户服务或客户满意度非常低的企业会面临被客户淘汰的风险，最后甚至破产。

第三节　良好客户服务的要素

026　情感性

企业的销售人员、客服人员在提供客户服务时，必须付出真挚的感情，企业提供的若是没有真感情的客户服务，表面再好、再多样化的客户服务行为与体系也只是一种形式，不能带给客户美好的、难以忘怀的体验。

027 适当性

客户服务的适当性包括两个方面。第一个方面是指客户服务内容和形式的适当性，即服务内容和方式、方法的合法性与道德性。客户服务不能违背法律法规。第二个方面是指客户服务量与质上的适度性。因为企业提供任何客户服务都是要付出成本的，过高或过低的客户服务水平都不合适。

028 规范性

客户服务的目的在于维持良好的客户关系，而科学、规范、合理的服务，有利于提高企业和服务人员的服务水平，保证诸多客户服务活动质量的一贯性和标准化。因此，企业有必要在为客户提供服务时，制定统一的服务规范和标准，并加强服务人员的培训。这就是客户服务的规范性。

029 连续性

客户服务的连续性指的是企业在提供客户服务时，必须在时间、对象、内容及质量上保持连续性。时间的连续性是指不管哪一天、哪一次，都要提供服务。如果今天有服务，明天没有服务，这次有服务，下次没有服务，这就不是客户服务时间上的连续性。对象的连续性是指对同等条件的客户提供同等的服务内容，如果对这个客户服务好，对同等条件的另一个客户却服务差，这就不是服务对象的连续性。内容的连续性是指不管哪个时间地点，对同等条件的客户提供同等的服务。如果今天服务多点，明天服务少点，服务内容随意增减变化，这就不是内容的连续性。质量的连续性是指不管哪天哪次的服务质量都是同等的，如果今天服务好，明天服务差，这就不是质量的连续性。

030 效率性

效率性主要是指企业提供客户服务时的响应速度与及时性。例如，客户报修洗衣机，维修人员当天到和两天后到，在服务响应速度和及时性上就截然不同。效率性是衡量客户服务绩效的重要指标，速度快、响应及时是提升客户满意度、获得客户再推介客户的重要因素。

第三章　电商客服

导读 >>>

电子商务是以信息网络技术为手段，以商品交换为中心的商务活动。要想实现这一商务活动，电商客服便是卖方与买方沟通交流的重要桥梁。

Q 女士：“A 经理，对我们电商公司来说，客户服务是不是特别重要呀？”

A 经理：“对于一个电商公司而言，客户看到的商品都是一张张的图片和文字描述，由于既看不到商家本人，也看不到实体产品，无法了解实际情况，因此往往会产生距离感和怀疑感。这个时候，客服就显得尤为重要了。客户通过与客服人员交流，可以逐步了解商家的服务和态度，进而做出是否购买的决定。可以这样说，客服在某种程度上决定着电商公司的发展。”

Q 女士：“原来客户服务这么重要呀！难怪我实习的那家公司业绩连续下滑，看来就是领导不重视客户服务的原因。”

第一节　电商客服基本知识

031　电商客服的内涵

电商客服是指电商企业为了赢得新客户、维护老客户、提高客户满意度，以客户价值为导向、以互联网为平台所采取的一系列建立和维持客户关系的活动。

032　电商客服的核心职能

电商客服具有六大核心职能，如图 3–1 所示。

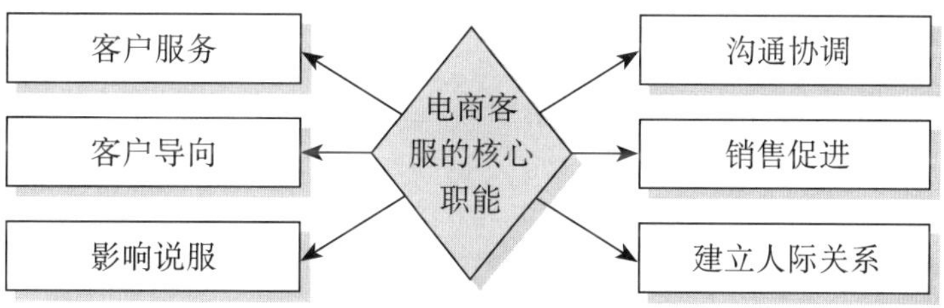

图3–1　电商客服的核心职能

033　电商行业服务理念的变化

图 3–2 是电商行业服务理念的变化。

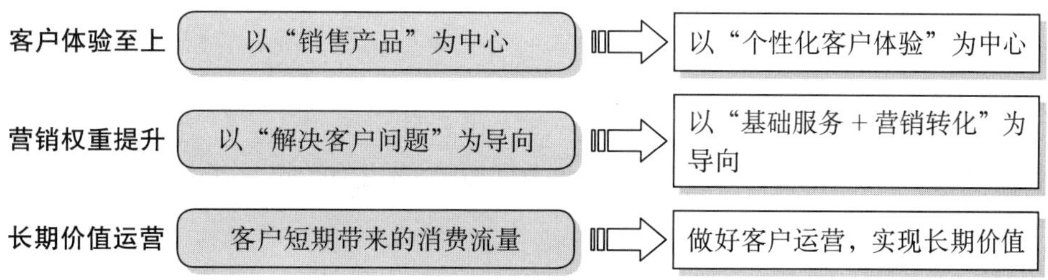

图3–2　电商行业服务理念的变化

随着产品和服务的多元化发展、人均可支配收入的不断提高，客户对购物的关注点已经不再局限于质量好、价格低，或者品牌知名等，而更注重在消费过程中的体验和感受，所以电商企业要因时而变，改变服务理念。

第二节　电商客服的分类

034　按途径划分

电商客服按途径可划分为文字客服、语音客服、微信客服、视频客服等。其中，微信客服综合了其他三个途径的全部功能。

035　按所处阶段划分

电商客服按交易过程所处的阶段可划分为售前客服、售中客服和售后客服，如图3-3所示。

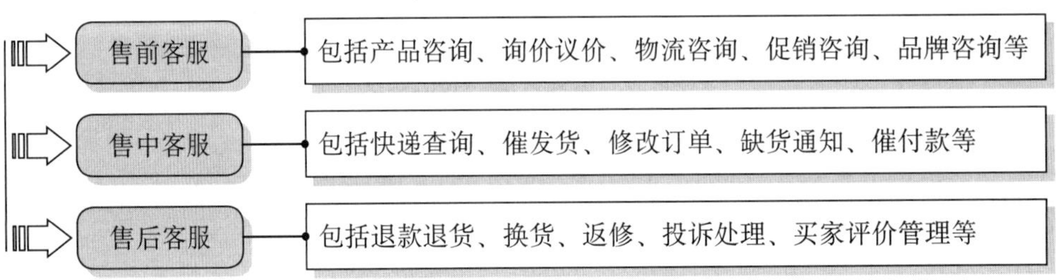

图3-3　按所处阶段对电商客服分类

036　按客服目的划分

电商客服按目的可划分为展示型客服、收益型客服、潜力型客服、关系型客服、完美型客服。其中，完美型客服是前面几种客服的综合。

第三节　电商客服的特点

037　工作语言须规范

电商客服人员往往通过文字、图片等多媒体方式与客户交流。面对客户的咨询，客服人员答复的内容及如何答复好都应该有严格要求。一些形成规模的店铺通常会设计统一的回复语，这些回复语就是对客服工作语言进行规范后的最佳总结。

038　工作内容常重复

电商客服人员可能每天要答复几十甚至几百位客户的咨询，在这一过程中总会面对一些常见的问题，这就要求客服人员面对重复性较高的问题时需要耐心地予以解答，不能因为重复次数太多而不耐烦。有经验的客服人员会针对重复出现的问题设置快捷回复语，现在也有很多电商企业设置智能机器人来回答重复的问题。

039　服务对象多样化

例如，同样是女装店，实体店的到访客户大多是适龄女性，可以接触实物并试穿；而电商却不同，电商的商品无法接触实物和试穿，只能根据尺码大小、颜色、款式等介绍进行选择，客户群也宽泛得多，除了适龄的女性，还可能会有好友、男朋友、丈夫为了挑选礼物而光顾。同时电商的市场面向全国，客户各有特色，各有需求，因此优秀的电商客服人员一定要善于在短时间内迅速了解服务对象的心理，以有效地进行推荐和销售。

第四节　电商客服的意义

040　塑造店铺形象

通过与客服人员的沟通交流，客户可以逐步了解卖家的产品与服务。一个亲切的问候，能让客户真实地感觉到自己在跟一个善解人意的人沟通，而这会让客户放弃戒备心理，店铺的良好形象也就在客户心目中逐渐树立起来。

041 提高成交率

很多客户在做购买决策之前，都会就一些不太清楚的问题（如产品规格、型号、技术参数、售后服务、折扣、优惠措施、运费等）向商家询问。客服人员若能够及时在线解答客户的疑问，让客户及时地了解其所关心的问题，就比较容易促成交易。

对于一个犹豫不决型的客户，客服人员可以帮助其选择合适的商品，促成其做出购买决策，从而提高成交率。

042 提高回头率

客户在客服人员的良好服务下完成了一次购物后，不但了解了卖家的产品、物流运输等情况，更是体验了卖家的服务。这样，当客户有同样需求的时候，第一时间就会选择其所熟悉和了解的卖家，从而提高了复购率。这个客户就因优质的客户服务成了回头客，甚至成了稳定的长期客户。

043 更好地服务客户

一个具有专业知识和素养、良好沟通技巧和态度的客服人员，会给客户提供许多购物建议，能够完善地解答客户所提出的疑问，并快速地对客户的售后问题予以处理，从而更好地服务客户，赢得客户信任，获得更多的销售机会。

第四章　电商客服岗位

导读 >>>

客服经理，顾名思义，是主管客服部门的经理，是具有客户服务经验与知识的专业人员，负责客服部门的日常事务，领导和管理客服团队。

Q 女士：“A 经理，一名合格的客服经理应该达到哪些要求呢？”

A 经理：“客服管理是企业管理中最需要耐心、最需要善解人意的一项工作，不具备一定条件是胜任不了的。”

Q 女士：“那要具备哪些条件呢？”

A 经理：“大概来说，要具备一定的管理能力、要有良好的个人修养、要有强烈的服务意识。”

Q 女士：“看来要求很严格，以后我要向您多学习。”

A 经理：“那你先从了解客服经理的岗位职责开始吧。”

第一节 客服部门的职责权限

044 客服部门所处的位置

客服部门是企业与客户之间的一座桥梁，肩负着树立企业形象、掌管客户信息、进行客户服务、传递企业爱心、提高客户满意度、留住客户的重任。客服部门的工作需要各部门的支持，同样客服部门也有责任向各部门反馈各类信息，与各部门共同做好为客户服务的工作。

045 客服部门的职责

（1）制定客户服务管理制度，包括岗位责任制度、各类服务操作流程、客户服务人员考勤制度等，以便于操作执行和监督检查。

（2）制定客户服务质量标准、业务标准和流程标准，规范客户服务工作，为客户提供优质服务，提高客户满意度，塑造企业形象。

（3）建立和完善客户资料库，保证客户资料完整、信息准确，以及客户信用信息及时、有效，防止客户信息泄露。

（4）提供以客户为中心的服务，巩固和增进与客户的合作关系，准确把握和快速响应客户的个性化需求，提高客户的忠诚度和满意度，提升运营效率和利润率。

（5）处理客户投诉，及时发现问题并总结经验教训，完善服务机制、改进服务流程、提高服务效率。

（6）开展与产品销售配套的售后服务工作，进行客户需求调查，并反馈给相关部门，以改进工作。

（7）围绕企业的销售目标，拟订客户开发计划，制定关键客户管理策略并组织实施。

（8）进行客户分析与行为调查，为企业制定科学的销售策略和服务策略提供依据。

046 客服部门与其他部门的关系

客服部门与其他部门的关系如图 4-1 所示。

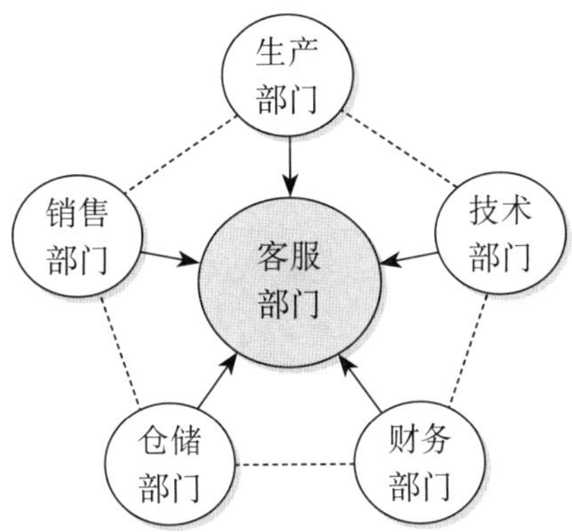

图4-1　客服部门与其他部门的关系

（1）客服部门与技术部门：客服部门需要技术部门提供强有力的技术支持。

（2）客服部门与生产部门：客服部门在工作过程中，会遇到与生产有关的问题需要向客户解答，这时生产部门要给予支持。

（3）客服部门与仓储部门：当客户调换产品时，客服部门需要仓储部门提供查询、供货方面的帮助。

（4）客服部门与财务部门：在提供客服过程中，客服部门遇到客户退货、换货，需要财务部门提供资金支持。

（5）客服部门与销售部门：在提供客服过程中，销售部门将提供很多信息，并且将之整理、归类。

047　客服部门与其他部门的配合

良好的客户服务应该是各个部门并肩作战，也就是企业各部门需要有机配合。

（1）企业的每个部门都应该明确了解客户的需求。

（2）客户服务体系不是各个部门的条块分割，而是各个部门有机结合、相互协调。

（3）各部门员工组成工作小组共同担负客户服务的责任，确保客户满意。工作小组与各部门要保持信息畅通，临时工作小组应随机处理客户服务的问题，以提高服务效率。

（4）如果企业的政策或者业务程序发生了变化，政策或程序的制定者应先征求各部门的意见，分析变化是否会给客户带来影响。

（5）出现问题以后，各部门不是相互指责，而是共同努力解决问题。

第二节　客服经理的岗位职责

048　客户服务与管理的规划

客户服务与管理的规划工作内容如下。

（1）建立与维护客户服务体系。

（2）制定与贯彻客户服务理念与宗旨。

（3）建立售后服务信息管理系统（系统应包括客户服务档案、质量跟踪及反馈管理模块）。

（4）制订客服管理工作计划，不断完善客服的工作规范和考核标准。

（5）制定客户服务工作流程。

（6）建立高效的客服团队。

049　客服人员的管理

客服部门是企业与客户沟通的组织平台，是企业对外综合服务的形象窗口。客服人员代表的是企业的形象。因而组建一流的客户服务团队，对客服人员进行招聘、培训、激励、考评，提高客服团队的凝聚力、战斗力，是客服经理日常工作关注的重点。

050　建立客户信息库

客户信息库是企业重要的商业资源，企业的市场、客户、机会、利润都蕴藏在其中，是企业营销决策的重要依据。为此，客服经理的一项重要工作就是要做好客户信息的收集、整理、分类、归档、保存、利用、保密等。

051　客户资信管理

做好客户资信管理非常重要。客户资信管理是企业信用管理的核心内容之一。它有助于全面、准确地评估、预测客户的资信能力和信用风险，有助于保证本企业各项交易决策正确，有助于不断改善客户资源的质量。

客户资信管理的一项常规工作是针对不同的客户制定对应的信用政策，授予合适的信用额度或者实施必要的信用风险控制措施。对此，客服经理应做好以下工作。

（1）调查客户资信。

（2）分析判断客户的资信状况与程度。

（3）根据企业的信用政策与相关部门一起对客户评级。

（4）实行客户信用限额的审核与发放。

（5）跟进客户的重大变化事项。

052　提供客户服务

客户服务包括提供售后服务、处理客户投诉、争取流失客户、拜访客户等。这些是客服经理的日常工作。客服经理可以亲自提供客户服务，但最主要的工作是督导客服人员提供服务。

053　客户服务的监督与完善

为了保证企业客户服务工作有效运转，客服经理必须采取相应措施来提升客户服务质量，测评与导入客户关系管理系统等，以完善客服工作。

054　与其他部门的沟通联系

客户服务需要整个企业所有部门和员工的参与。只有所有员工都树立“客户至上”的服务理念并参与到客户服务中，企业的客户服务工作才能做好。在围绕客户服务这一工作中，客服经理有责任与其他各个部门进行协调、联系，如积极配合销售部门做好促销，向品质部门反馈客户意见，调查研究现有客户接受各种服务的满意程度，为企业决策提供可靠的依据，积极协调研发、运营、售后等部门的关系，确保及时处理和跟进 VIP 客户投诉等。

第三节　客服经理的必备能力

055　饱满的工作热情

要想成为一名优秀的客服人员，只有热爱这一事业，才能全力以赴。作为带领团队的客服经理，自己若没有饱满的工作热情，下属也很难有饱满的工作热情，客服质量就会大打折扣。

056　丰富的行业知识及经验

客服人员不仅要能跟客户沟通，而且要成为产品的专家，能够解释客户提出的各种与产品销售有关的专业问题。作为客户，最希望得到的就是客服人员的有效帮助。因此，客服人员必须要具备丰富的行业知识和服务经验，这是解决客户问题的必备武器。

057　熟练的专业技能

客服经理应该具备熟练的业务知识（如产品技术参数、产品使用步骤和注意事项、业务办理流程、常见客户投诉问题等），这样才能准确无误地为客户提供各项服务。

058　沟通协调能力

沟通是为实现目标、满足需要，而在人与人之间、部门与部门之间进行的信息交流；协调是对人与人、部门与部门以及各项活动的关系进行调整和改善，使其按照分工协作的原则配合得当、步调一致。沟通是手段，协调是目的。一个管理者的沟通、协调能力决定了其管理水平和管理效率。

客服经理每天都要与客户打交道，所以沟通、协调能力是客服经理的岗位要求之一。

059 表达能力

表达能力是指用语言、文字、图形、表情、动作等来表达自己的想法，以达到沟通的目的一种能力。一名经常与客户及公司内各部门打交道的客服经理应具备较好的表达能力。无论是向公司内部人员传递市场信息和客户意见，还是与客户的沟通，绝不允许由于表达不清晰而造成误解的情况存在。与客户谈话遇到尴尬时，客服经理要善于运用诙谐、幽默的语言来调节，当客户提出错误的观点时，客服经理需要用婉转的语言来纠正。在每一次与人沟通的过程中，客服经理都应努力提高语言的表达精确度，以保证自己能清晰地表达要点。

060 应变能力

应变能力是指在外界事物发生改变时所做出的反应与决策，通俗地说就是迅速应对变化的能力。有经验的客服人员能很稳妥地处理各种突发情况。客服经理更需要有处变不惊的应变能力，尤其是在处理一些恶性投诉的时候更要如此。

061 挫折承受力

挫折承受力是指人在遭遇挫折时，能否经得起打击，能否承受住压力，有无摆脱和排解困境而使自己避免心理与行为失常的一种耐受能力。

客服经理在客户服务和领导客服团队处理各样事务的过程中，不可避免地会遭遇挫折，如被客户误解、客户大发雷霆等。客服经理在遭受挫折打击后，能否坚强承受，就在于自己是否具备很强的挫折承受力。若不具备很强的挫折承受力，就很难胜任客服经理这一岗位。

062 自我情绪控制能力

不良情绪是心理垃圾，是产生心理障碍的直接诱因。然而生活中、工作中不良情绪的产生总是难免的。客服经理必须具备很强的情绪自我掌控和调节能力。假如你每天接待 100 个客户，可能第一个客户就批评了你一顿，因此你的心情变得很坏，情绪很低落，可后边还有 99 个客户在等着与你沟通。这时你会不会把第一个客户带给你的不愉快转移给下一个客户呢？这就需要客服经理迅速地掌控情绪、调整自己的情绪，因为对于客户而言，你永远是他的第一个客服人员。因此，优秀的客服经理的自我情绪控制能力必须很强。

063　管理能力

管理能力是客服经理的必备能力。客服经理要认识到，员工是企业最大的一笔财富，自己应该重视员工的价值，合理调配企业的人力资源，做到责权分明；要有科学的人才观，善于发现和培养人才，合理使用人才，只有这样才能留住人才。

客服经理必须知道如何带领下属一起开展工作、如何向下属传达指令、如何督促下属的工作、如何主持部门的各项会议等。客服经理还需要掌握激励下属的方法，以便充分地调动员工的工作积极性。

064　学习能力

学习能力是指以快捷简便、有效的方式获取准确的知识和信息，并通过加工和利用信息，将新知识融入已有的知识，以分析和解决实际问题的能力。

作为一名优秀的客服经理，其必须具备良好的学习能力。在经济全球化的今天，知识迭代更新快，产品变化也快，客服经理要应对客服工作中的各种问题，必须拥有丰富的综合知识，必须不断地学习，才能以知识创造价值，向知识要效益，向学习要发展。唯有不断地学习，不断地获取新的知识，才能更好地胜任本职工作。

第四节　客服经理的个人修养

065　尊重为本

作为一名客服经理，学会尊重他人与自己是最基本的工作要求。

（1）个人修养的要求就是要自尊自爱。尊重自己，就是要有优雅的仪容仪表，举止大方。

（2）在自尊的基础上要尊重客户，真正地关心客户，不论客户的身份、年龄和学识，对客户都要表示尊重。

（3）尊重自己的职业。每个企业都会有不同的分工，真正被人尊重的人，是有实力的人，是学有所长的人，是在专业方面有本事的人。只有爱岗敬业，才会赢得他人的尊重。

（4）尊重自己的企业。在与客户的沟通中，客服经理有责任、有义务维护企业的尊严和形象。

066 谦虚

谦虚是为人处世中最有智慧最为重要的一种态度。现实生活中，我们喜欢与谦虚的人打交道，谦虚的人非常有魅力。对客服经理来说，具备谦虚的美德非常重要。

067 宽容

（1）忍耐与宽容是面对无理客户的法宝。

（2）客服经理要有很强的包容心。不同的客户，其性格不同，人生观、世界观、价值观也有可能不一样。这些客户在生活中很难与你成为朋友，但在工作中他是你的客户，是给你的企业带来效益的人，你要像对待朋友一样包容他。

068 诚信

诚信是为人处世的一个基本准则，泛指待人处事真诚、讲信用等。许多企业一直倡导诚信，并要求不轻易向客户做出承诺。客服经理不要轻易地做出承诺，不要随便答应客户提出的要求，但是客服经理一旦答应客户，就要努力做到。

069 勇于承担责任

勇于承担责任就是敢于担当，不退缩，敢于作为。客户服务是企业的对外窗口，当企业给客户带来损失时，客服经理不应急着去找问题出在哪某个部门，不应急着去推卸责任，而应勇于承担责任，积极地去解决问题，将客户和企业的损失降到最低，这才是一名优秀的客户经理应该做的。

第二部分

管理技能

第五章　基本管理技能

导读 >>>

客服经理在日常管理工作中需要用到一系列基本管理技能，如制订工作计划、进行有效授权、主持与参加会议等。

Q女士：“A经理，我想问您一个问题，作为一名中层管理者，您是怎么理解‘管理’的啊？”

A经理：“管理是指组织的管理者通过实施计划、组织、领导、协调、控制等职能来协调他人的活动，使他人同自己一起实现既定目标的活动过程。简单来说，管理的核心就是管人事、理人心，从而实现自己及整个团队的目标。”

Q女士：“看来管理者就是一个不断处理各种事情、协调各种关系的角色。其要综合利用各种资源，使企业不断实现目标，不断发展前进，最终实现企业愿景。”

第一节　制订工作计划

070　工作计划的格式

工作计划的格式包含下列要素。

（1）工作计划的名称，包括计划部门的名称和期限两个要素，如“××公司客服部门××××年××月工作计划”。

（2）计划的具体内容，一般包括计划的目的和要求、计划的项目和指标、计划实施的步骤和措施等，也就是为什么做、做什么、怎么做、做到什么程度。

（3）计划订立的时间，即订立计划的日期。

071　工作计划的内容

工作计划的内容可用“5W1H”来概括，具体内容如图5-1所示。

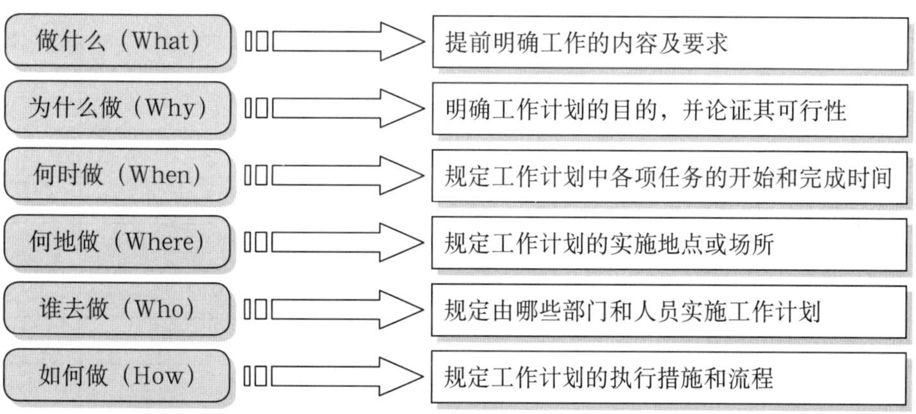

图5-1　工作计划的内容

072　制订当日工作计划

客服经理在制订当日工作计划前，要对当日的工作事项进行分析，根据工作事项的紧急性、重要性按先后顺序排列，保证优先完成重要且紧急的事项。

1. 时间清单分析

客服经理可将一天的法定工作时间，按照每30分钟为一段来进行分段，然后逐段填写实际的工作事项，在工作事项后，再分别填入该工作事项相应的计划用时、实际用时、超时时长及超时原因，样例如表5-1所示。

表5-1 时间清单分析表

序号	时间	工作事项	计划用时	实际用时	超时时长	超时原因
1	8：30～9：00					
2	9：00～9：30					
3	9：30～10：00					
4	10：00～10：30					
5	10：30～11：00					
6	11：00～11：30					
7	11：30～12：00					
8	12：00～12：30					
9	12：30～13：00					
10	13：00～13：30					
11	13：30～14：00					
12	14：00～14：30					
13	14：30～15：00					
14	15：00～15：30					
15	15：30～16：00					
16	16：00～16：30					
17	16：30～17：00					
18	17：00～17：30					
19	17：30～18：00					
总计		—				—

2. 工作清单分析

客服经理可以通过工作清单分析表（见表5-2）来分析一个法定工作日的工作事项，以及各自用时。

表5-2　工作清单分析表

工作事项	计划时间	实际时间	浪费／延误	无计划用时	原因

（1）将所有工作填入工作事项栏。工作事项必须是累计用时超过 10 分钟的工作，如果某项工作没有超过 10 分钟可以不填。例如，处理客户投诉，上午处理了 2 个电话投诉，用时 15 分钟，下午处理了 3 个客户投诉，用时 20 分钟，可以将此累计在客户投诉处理这一事项中。

（2）填入具体的工作事项，如"接听客户电话""争取流失客户"等。

（3）"浪费／延误"一栏中，只要简单说明浪费、延误的原因即可。例如，处理一位 VIP 客户投诉，预计 20 分钟，但由于客户投诉问题较严重，需要做更加详细的解释工作，结果花了 40 分钟，超时 20 分钟。

3. 工作（活动）分项分析

（1）客服经理可以将工作清单中相同的事项进行合并，然后填入工作活动分项分析表（见表 5–3）中。

表5-3　工作（活动）分项分析表

分析事项	计划用时		实际用时		浪费／延误		无计划用时		原因
	用时	排序	用时	排序	用时	排序	用时	排序	
召开部门早会									
处理客户投诉									
客服人员工作检查									
撰写投诉分析报告									
整理大客户资料									
……									
总计									

（2）“无计划用时”一栏只计算无计划用时总数。各项工作（活动）的无计划用时是指该项工作（活动）实现后没有计划的时间。

（3）凡是超计划用时或者是想不起来的用时均计入“浪费／延误”中。

4．工作紧急性分析

客服经理分析每天各项工作的紧急程度，根据紧急程度来安排工作先后顺序。具体可以将工作事项按紧急性分为四类（非常紧急、紧急、不很紧急、不紧急），将当日工作事项进行安排，列出一个分析表，如表 5–4 所示。

表5-4　工作紧急性分析表

工作事项	非常紧急（马上要做）	紧急（短时间内要做）	不很紧急（可从长计议）	不紧急（无时间要求）
客户投诉产品质量出现问题	○			
客服人员礼仪培训		○		
员工满意度调查				○
……				

5．工作重要性分析

客服经理将当日工作事项根据重要程度来安排工作用时，即将工作事项分为四类：非常重要、重要、不很重要、不重要，如表 5–5 所示。

表5-5　工作重要性分析表

工作事项	非常重要（绝对要做）	重要（应该做）	不很重要（可做可不做）	不重要（可不做）
收集客户信息	○			
建立客户资料信息卡			○	
客户资料整理		○		
客户资料归档				○
……				

6. 制作每日计划表

客服经理对工作时间和事项进行认真分析之后，就可以制作一份个人每日工作计划表。每日计划表可以按照不同标准来制作，如按照时间、工作事项紧急程度或重要性等。

每日工作计划表要在每天固定的时间内制作，最好是前一天下班之前就完成。在第二天工作时，完成一项工作就划掉一项，同时注意要为应对紧急情况预留出时间。

【实用案例】

客服经理如何合理规划自己一天的工作

徐军是某公司客服经理，他做事勤奋、关心下属、服从上司、事事都亲自过问，导致他没有时间与家人相处，没有时间与朋友聚会，没有时间读书，业余时间当然也没有了。徐经理一天的工作记录如下表所示。

一天工作记录表

序号	时间	具体事项	备注
1	8：30	开早会，了解前日工作情况，安排客服人员当日工作	
2	9：00	处理客服人员上交的需要审核处理的投诉案件	
3	10：20	向总经理汇报上周客户投诉及处理情况	
4	11：20	到销售部了解最新客户资料	
5	12：00	匆匆吃过午饭，看了会新闻，与同事聊天时，突然想起总经理交代的下半年客户服务规划还没有完成，于是马上回到办公室	
6	14：00	同销售部经理一起接待公司一位大客户	
7	16：00	向财务部提交上个月客服部绩效考核情况	
8	16：30	到人力资源部商讨客服人员培训事宜	
9	17：30	下班时间到了，仍有规划未写，晚上回家加班写好	

其实，我们通过分析徐经理一天的工作记录，认为他不必这么忙，更不需要晚上回家加班。以下事项徐经理完全可以不用亲自处理，或者可以延时处理、快速处理。

事项一：

到销售部了解最新客户资料，可以安排一位客服人员负责此事。

事项二：

向财务部提交上个月客服部绩效考核情况，可以由一位客服人员负责此事。

事项三：

到人力资源部商讨客服人员培训事宜，此项工作可以由客服主管负责。

仅仅以上三项加起来的时间足足有两个多小时，如果徐经理对此进行合理安排，就不需要晚上回家加班了。

因此，客服经理一定要做好每天的时间安排、把握工作重点、运用管理方法、总结管理心得，从而更加有效地利用每一分钟。

073　制订一周工作计划

每周工作计划主要反映的是一周内所有重要工作事项，既有上周未完成的工作，也有本周要处理的事情。

客服经理做好一周的工作安排与落实，可以让工作更加有条理。

客服经理可以从周一到周五连续使用工作（活动）分项分析表，将其统计结果分别填入每周时间分析表（见表5–6）。周六、周日一般不填，误差就是实际用时与计划用时之差，无计划的工作事项的计划用时则计为零。

表5-6　每周时间分析表

活动	计划用时							实际用时							误差
	周一	周二	周三	周四	周五	总计	排序	周一	周二	周三	周四	周五	总计	排序	
召开部门早会															
处理客户投诉															
客服人员工作检查															
撰写投诉分析报告															
整理大客户资料															
……															
总计															

对于每一周的工作事项，客服经理可以参照每日工作计划中对工作事项的相关分析，将工作按照紧急程度或重要性进行安排，以确保完成重要的工作。

074 制订一月工作计划

1. 月度重点工作指引

每个月客服经理都有大量工作要做，如审查各类报表、培训员工、参加各种会议等。为了使工作变得有条有理，客服经理可以制作月度重点工作表，将每个月重点要做的事情列在表上予以特别关注、进行优先处理。在制订月工作计划时，客服经理要仔细思考，所安排的这些工作是否符合实际情况，若不符合，要及时修改。

下面提供一份某客服经理制定的月度重点工作指引的范本，仅供参考。

【经典范本 01】月度重点工作指引

月度重点工作指引

月份	重点工作	备注
1月	1. 对客服部一年的工作进行年度总结 2. 编制客服部下一年度的工作计划 3. 整理客户最新资料信息	
2月	1. 建立客户信息数据库 2. 建立优质客户服务标准	
3月	1. 收集新客户资料 2. 将所有客户重新分类	
4月	1. 客户满意度调查 2. 客户满意度调查分析总结 3. 配合人力资源部招聘客服人员	
5月	1. 员工满意度调查 2. 对新进客服人员进行入职培训	
6月	1. 在职客服人员客服专题培训 2. 建立客户资料信息卡	
7月	1. 制定大客户投诉处理方案 2. 拜访五个大客户	

（续表）

月份	重点工作	备注
8 月	1. 对客户服务质量实行监测 2. 按照公司的发展规划拟定部门人员编制，报公司批准	
9 月	1. 客户构成及信用分析 2. 对客服人员进行接听电话技能培训	
10 月	1. 重新设计客户服务流程 2. 建立客户服务跟踪系统	
11 月	1. 网络客户服务专题培训 2. 制定优质服务策略	
12 月	1. 制定客户投诉处理标准 2. 配合人力资源部对员工进行年终考核	

2. 月度工作计划

确定了每个月的工作重点之后，就要制订每个月的具体工作计划。

下面提供一份某客服经理制订的月度工作计划的范本，仅供参考。

【经典范本 02】月度工作计划

月度工作计划

序号	工作内容	阶段目标	目标达成时间				责任人
			第一周	第二周	第三周	第四周	
1	客户满意度调查策划		○				
2	客户满意度调查策划方案审核		○				
3	向财务部申请费用			○			
4	实施客户满意度调查			○			
5	对客户满意度调查问卷进行分析			○			
6	撰写客户满意度调查报告				○	○	
…	……						

第二节　汇报与下达指令

075　向上级汇报工作

客服经理向上级汇报工作时应注意以下要点。

（1）遵守时间和约定。树立时间观念，既不要过早到达，也不要迟到。

（2）轻轻敲门，得到允许后再进门。即使门开着，也要轻轻敲门以提醒上级。

（3）汇报时要注意仪容、仪表、姿态，做到站有站相、坐有坐姿、举止大方。

（4）汇报时吐字要清晰，语调、音量要恰当，内容要实事求是，不能歪曲或隐瞒事实真相。

（5）汇报结束后，应经上级允许方可告辞。如果上级谈兴犹在，不可表现出不耐烦。

（6）告辞时，要整理好自己的材料、衣着、茶具与座椅，当上级送别时要主动说“谢谢”或“请留步”。

076　听取下级汇报工作

客服经理听取下级汇报工作时要注意以下要点。

（1）守时。如果已约定时间，应准时在办公室等候，并做好记录要点的准备。

（2）及时招呼汇报者进门入座。不可给人一种居高临下、盛气凌人的感觉。

（3）善于倾听。当下级汇报时，可与其进行目光交流，并配以点头等肢体语言表示自己在认真倾听。

（4）对汇报中不清楚的问题要及时提出来，要求汇报者加以解释；也可以适当提问，但要注意所提的问题不要打击下级汇报的积极性。在听汇报的过程中不要随意地批评、做决策，要先思而后言。

（5）听取汇报时不要有频繁地看手表、手机、打哈欠、做其他事情等不礼貌的行为。希望下级结束汇报时，可以通过合适的肢体语言或委婉的言语告知下级，而不能随意打断。

（6）当下级告辞时，应起身相送。如果是平时联系不多的下级，应将其送至门口，并亲切道别。

077　正确下达指令

下达指令时，客服经理要注意以下几个问题。

（1）下达指令可用口头谈话、电话通知、书面通知、托人传递等方式，但是能当面谈话的最好不要电话或微信通知，能打电话（微信）通知的就不要书面通知（规定文书除外），能书面通知的就不要托人传递。

这里要注意，如果要求下级完成高难度的工作，就要提前告知奖惩机制，这样才会激发下属的工作积极性。

（2）下达指令之前，可以先询问下级一些相关的小事，通过下级的回答，把握其对所谈话题的兴趣度和理解度之后，再把自己的真实意图表述出来。

（3）除了绝对机密信息之外，应对下级说明下达该指令的原因或目的。

（4）不得已更正已下达指令时，要做出说明，以免引起不必要的麻烦。另外，切忌朝令夕改，这样会使下属感到无所适从。

（5）尽量当面下达指令，必要时要进行示范，并在下达指令后让下级复述一遍。

（6）将传达内容、时间、传达人都记录下来，以便今后检查与监督指令的执行情况。

第三节　进行有效授权

078　明确授权要素构成

授权是以下级为对象，将完成某项工作需要的权力授予下级。授权行为由工作指派、权力授予和责任担当三个要素构成，具体内容如表 5–7 所示。

表5-7　授权要素构成

序号	要素	具体内容
1	工作指派	客服经理在指派工作时，往往只做到了让员工获悉工作性质与工作范围，却不能使员工了解所要求的工作绩效 这里要注意，目标的确立、政策的研拟、员工的考核与奖惩等工作须由客服经理亲自处理，不得授权他人

（续表）

序号	要素	具体内容
2	权力授予	客服经理授予的权力应以刚好能够完成指派的工作为限度。若授予的权力不及执行工作所需，则指派的工作将无法完成；反之，若授予的权力超过执行工作所需，则势必导致权力失衡。因此，客服经理必须对所授予的权力做必要的追踪、修正甚至收回
3	责任担当	客服经理向员工授权，就意味着员工承担了一份与权力对等的责任，这是员工的责任担当。另外，当员工无法执行或错误地执行了工作指令时，客服经理要承担责任

079　避免踏入授权误区

授权是一种可以令员工“边做边学”的在职训练，员工的归属感与成就感通过这种在职训练均可得到提高。许多客服经理只是大致了解了授权的好处，却视授权为不敢去做的事，其主要原因如表 5-8 所示。

表5-8　影响授权的原因

序号	要素	具体内容
1	担心员工做错事	担心员工做错事是由于客服经理对员工缺乏信心。在工作过程中，员工难免会做错事，若客服经理能给予其适当的训练与培养，员工做错事的概率就会大大降低。授权是一种在职训练，客服经理应向员工提供充分的训练机会，以提高员工的工作能力
2	担心员工工作表现太好	有些客服经理因担心员工锋芒毕露而不愿授权，其实从另一个角度来看，员工良好的工作表现可以反映出客服经理的知人善任与领导有方
3	担心失去对员工的控制	只有领导能力差的客服经理在授权之后才会失去对员工的控制。倘若客服经理在授权的时候，能划定明确的授权范围，注意权责相称，并建立追踪制度，就不必担心失去对员工的控制
4	不愿放弃得心应手的工作	基于惯性或惰性，许多客服经理不愿将得心应手的工作授权给员工。另外，许多客服经理基于“自己做比费口舌教导员工做更省事”的原因而拒绝授权
5	没有合适的员工	“没有合适的员工”常被一些客服经理当作不愿授权的借口。任何员工都具有某一方面的可塑性。如果真的找不到一位可以授权的员工，客服经理就要自我反省了，是不是员工的招聘、培训与考核工作出现问题了

080　掌握必要的授权方法

1. 学会授权

授权员工完成某项工作的过程是由做出授权的决定、简明交代情况和跟踪了解三个步骤组成的，客服经理要预料到每一步可能产生的情况，具体内容如表5–9所示。

表5-9　授权工作的要素

序号	要素	具体内容
1	决定	决定把自己的工作授权给员工去做。授权是有回报性的——员工一旦掌握了某种工作技能，日后无须客服经理重复交代就能很好地完成类似工作
2	交代	要确保自己已向员工详细地交代了所需要完成的任务，且员工完全明白了自己的意思——他要做什么和什么时候完成及完成的标准。在任务完成的过程中，客服经理要向员工提供支持和指导
3	跟踪	在授权过程中，客服经理要检查任务完成的质量，要跟踪员工，以防把事情做得过了头——有效的监督与过分的干预只有一线之隔。因此，客服经理有必要准备一张核查表，以便跟踪已授权工作的进度

2. 了解全面授权

客服经理在授权员工完成任务的时候，除了要交代清楚工作内容之外，还必须提供顺利完成该工作所需的全部信息和资源。为避免对工作任务产生误解，客服经理要花时间向被授权员工解释工作任务的目标是什么，该任务将来会如何与自己的总体计划衔接；讨论任务完成过程中可能出现的困难和应对措施；积极回答员工提出的疑问。

3. 强化被授权者的职责与权限

授权的争议之一是职责问题，因此客服经理明确被授权者的职责与权限也非常重要。

客服经理应对授权的任务设定明确的、切实可行的完成时间。授权于员工并不是意味着把项目的控制权交给员工，而是意味着交付给员工有关这项任务的职责与权限。客服经理要鼓励员工在符合授权要求的前提下，采用灵活方式开展工作。

第四节　主持部门会议

081　把握会议时间

开会最忌讳的就是拖延时间，尤其是一些常规会议。因此，客服经理要想使会议顺畅地进行，就必须对每个议题的讨论时间加以限制。如果某个议题讨论很久仍没有结果，就要暂停讨论，可把这个议题记下来，待下次开会时再讨论。

另外，如果这次会议一定要达成某些具体结论的话，在开会前就要告知每个参会人员。不要为了减轻与会人员的负担而草草结束会议，因为这只会让后续的工作流程更难履行。

082　明确会议目的

企业开会通常有三个目的：沟通、管理和决策。不管哪一个目的，最重要的是以行动为焦点。例如，了解上次行动的结果、讨论将要采取的行动，或是在不同的行动方案中选择一个最优方案。客服经理一定要避免没有明确目的的会议，因为那很可能在浪费时间。

083　尊重他人的意见

在会议中，客服经理一定要注意公开称赞、私下批评。避免在会议中公开批评别人的意见，因为这会伤害团队成员的士气。

084　注意会议时机

客服经理应尽量在日常上班时间召开会议，除非有很紧急又很重要的事情要商议。喜欢在傍晚或者周末开会的人，往往缺乏工作与生活的平衡之道，自然也无法在正常时间做好分内的工作。

085　公私分明

客服经理在工作场所会结交一些朋友，但是在公司开会时，就要避免被这些社交关系所影响。

086　充分民主

客服经理不要试图影响与会者，达成自己想要的结论，更不要只凭自己的职衔或权力来辖制他人。好的领导应该使用说服而不是强迫的方式。另外，客服经理要了解会议的意义和目的，如果想宣告一项政策，只要将它发布在相关媒体上即可，而不需要召集大家聚在一起开会，控制整个议程，却又不给大家讨论的空间。

087　明确会议流程

客服经理在开会前必须明确会议的目的、参加人员和讨论的内容，最好整理成清楚的议程，并在会议开始前让大家传阅，这样才能让与会人员有充分的时间做各项参加会议的准备工作。

088　会后的跟进

真正的工作通常不是在会议期间完成的，而是在它之前和之后完成的。一次会议的效率取决于所做的准备工作，而会议的效果则取决于会后的跟进，这就需要客服经理在会后进行跟踪和反馈。

1. 整理出会议中反映的问题

作为客服经理，其不仅要在会议中善于捕捉有价值的信息或者是一些事先没有想到的事务，更要在会后将这些问题整理出来，并制定相关方案加以解决，同时还要定期检查、跟踪、反馈。

2. 应尽快编制会议记录

会议记录可以作为会议情况和会议内容的原始凭证。尽快编制会议记录，一方面可以避免自己因忙于其他事情而忘记会议内容，耽误工作进度；另一方面，也可以作为历史资料便于日后核对。

3. 自我检测

客服经理可以对照表 5-10，做一下自我检测，看看自己在早会跟踪时是否遵循了以上要求，并查看早会跟踪工作是否落实到位。

表5-10　会议内容落实情况自我检测表

序号	检查要点	是（√）否（×）	改进
1	我会在会后总结会议中员工反映出的问题		
2	我会对会议中出现的问题提出解决方案，将责任落实到人		
3	对于会议中没有讲到的内容我会在现场与员工沟通		
4	我在上班后半小时内就开展巡查		
5	我能灵活运用每日作业实绩表		
6	下班前 30 分钟我会对现场进行全面巡查		
7	我巡查时通常会做必要的记录		
8	我会把发现的问题记录下来		
9	我会及时解决发现的问题		
10	对于同一个人、同一个问题出现多次，我会着力解决		
11	对于落实不力的，我会严厉批评		
12	对于从未出现问题或问题较少的员工我会给予表扬		
13	部门之间的问题我会亲自联络并及时向员工反馈联络进度		

第五节　参加各种会议

089　有准备地赴会

为了在每一场会议中都取得最大的成效，客服经理在参加会议之前，应思考以下几个问题，并预备周全的答案。

1. 谁召开这次会议

为了把握会议的重要性，要清楚会议的召开人是谁。

2. 为何召开这次会议

若不清楚会议的真正目的，贸然参加会议，将很容易受创或者一无所获。因此，与会前应先弄清楚召开会议的原因。

（1）这次会议是否为了那些悬而未决的老问题而召开？

（2）是否为了解决棘手的问题而召开？

（3）是否因为某些人想迫使上级做某项决策而召开？

090 做好会前沟通

如果你有新的提议，而且你的提议可能会影响某一部门或某一些人的利益，那你应在会议之前，先与这些可能反对你意见的人进行沟通，以便取得他们的支持。必要时，你也可以让他们以他们的名义提出你的观点。尽管这样做，等于拱手将自己的提议送给别人，但是假如你志在提议被采纳，这样做有益无害。

不论你是否在会议前与相关部门或人员进行沟通，在会议中，一旦你要提出新的提议，就千万不要在言辞上威胁到利害攸关的部门及人员。

091 谋求沟通方法

会议场合中的沟通媒介除了有声的语言、相关的文件之外，还有无声的语言，诸如仪容、姿态、手势、眼神、面部表情等肢体语言。这些无声的语言也扮演着相当重要的角色。这里要特别注意如下内容。

（1）仪容要整洁。

（2）准时或提早抵达会场。

（3）避免穿着奇装异服。

（4）留意坐姿。

（5）目不斜视。

（6）借手势强调自身的观点。

092 重视活用数据

在大数据技术快速发展的今天，可以说我们生活在数字的世界里，每天所见、所闻与所思，几乎没有不涉及数字的。客服经理在会议中运用数字时，一定要注意以下两个要领。

（1）除非必要，否则不要随便提出数字。

（2）要设法为枯燥的数字注入生命。也就是说，要让数字所代表的事实成为一般人生活体验的一部分。

093　树立良好形象

客服经理要时刻留意自己在他人心目中的形象，因为好的形象在会议中可以产生良好的影响力。下面是一些有助于塑造及维护良好形象的事项。

（1）人们喜欢诚实的人，以及以公平态度待人的人。

（2）听众渴望听到的是事实，因此应客观地描述事实。

（3）人们都不喜欢不愿倾听他人意见的人。

（4）一般人对情绪激动的人的判断力通常欠缺信心。

（5）人们对于态度冷静、善于逻辑推理的人的判断力均满怀信心。

（6）人们对富于想象力与创造力的人一般会产生好感。但是，当一个人的想象力与创造力超出了听众所能理解或想象的范围，那么该想象力与创造力就很容易被视为荒谬之谈。

（7）在会议中最令人讨厌的两种人：喜欢打断别人说话的人和喋喋不休的人。

094　保持积极态度

在会议中，我们有时面临的是消极的氛围：消极的话语、消极的情绪、消极的表情、消极的反应等。客服经理在参与会议时，参照下列要领行事，或许会获得良好的效果。

（1）从积极的角度看问题，将那些产生不良后果的消极性意念扭转为积极性意念。例如，将“这50万元的投资有一半肯定要泡汤”表述为“这50万元的投资有一半肯定会带来收益”。

（2）倾听那些足以蒙蔽真相的泄气话，并设法揭开真相，说一些积极鼓励的话。

（3）降低所面临问题的难度，先设法解决较简单的问题，以增进与会者对解决困难问题的信心。

（4）主动承担工作，这将有助于减轻与会者的负担。

（5）在其他与会者强调困境之际，设法为其提供可行的解决方案。

（6）对提供良好建议或解决方案的其他与会者，公开表达赞赏和感激。

（7）面对棘手的问题时，应从实际出发寻求解决方案，而不应悲观地置之不理。

（8）鼓励与会者积极进取。

095　协助控制会场

作为客服经理，即使你不是会议主持人，在必要的时候，你也需要协助会议主持人控制会场，具体做法如下。

（1）加强自律，切忌给会议主持人制造难题。这包括：不要与邻座交头接耳；除非特别紧要的事情，否则不要中途离席；不要与主持人或其他与会者争论；不要意气用事；不要在会议中做与会议无关的工作。

（2）假如与会者之间发生争论，则主动介入，并设法帮助争论的各方都能理解彼此的观点。

（3）如有人垄断会议，则主动提出自己的见解，或鼓励其他与会者发表意见，以打破一言堂的垄断局面。

（4）如果与会者讨论的内容偏离了会议主题，则要设法提醒与会者有关会议的目标及问题的焦点，以便将与会者的注意力引导回会议的正题。

第六节　日常沟通管理

096　了解常见的沟通方式

客服经理可以运用的沟通方式有许多，主要有表 5-11 所示的几种。

表5-11　常见的沟通方式

序号	沟通方式	具体内容
1	文字形式	以报告、备忘录、信函等形式进行沟通。采用文字形式进行沟通的原则如下： （1）文字要简洁精练 （2）如果文件内容较多，应在文件前加目录或摘要 （3）合理组织内容，将最重要的信息放在最前面 （4）要有清晰、明确的标题

（续表）

序号	沟通方式	具体内容
2	语言形式	面对面沟通。沟通者应具有丰富的知识、较强的自信，同时具备同情心、心态良好、诚实、幽默、机智、友善等特质，进行语言沟通时应确保发音清晰、语调平稳、逻辑性强
3	非语言形式	伴随沟通的一些非语言行为，具体包括手势、眼神、面部表情、体态、姿势等

097　了解常见的沟通障碍

沟通障碍是指在沟通过程中，由于信息的传递受到干扰而导致沟通失真的现象。常见的沟通障碍一般来自三个方面，即传送方、接收方及传送渠道，具体内容如表5–12所示。

表5-12　常见的沟通障碍

障碍来源	传送方	接收方	传送渠道
主要障碍	1．用词错误，词不达意 2．咬文嚼字，过于啰唆 3．不善言辞，口齿不清 4．只要他人听自己的 5．态度不端正	1．听不清楚 2．只听自己感兴趣的部分 3．带有偏见 4．光环效应 5．情绪不佳 6．没有注意言外之意	1．经过他人传达而产生误会 2．环境选择不当 3．沟通时机不当

098　明确沟通方法

客服经理与他人沟通时应掌握下述方法。

（1）接纳他人的不同意见。

（2）感谢他人的建议。

（3）先听后说。

（4）中间不做带有情绪的直接反应（非理性情绪）。

另外，客服经理在与他人沟通时要遵循这样一个原则：沟通无共识，应予协调；协调未解决，应进行谈判；谈判无结果，应申诉裁决。

099 向上沟通

为了确保能与上级进行良好的沟通，客服经理应注意以下几点。

（1）需要上司做决策时，不要给上司出“问答题”，尽量给他出“选择题”。当遇到事情需要开会解决时，客服经理千万不要跟领导说“是不是开个会”这样的话。

例如，我们可以这样来提议：

——领导，对于××问题，我们是明天下午开会讨论，还是后天上午10：30开会讨论呢？

——后天上午10：30讨论吧。

——谢谢，我明天下班前再提醒您一下。

（2）领导有时候很忙，找不到机会和他沟通。领导再忙也要下班回家，有些只需要简单回答“是”或“不是”的问题，就可以采用到公司停车场等候这种办法来解决。

（3）一定要准备解决方案。若没有准备好解决方案，那么后果只有两个：一是领导会否定你的工作能力；二是领导也没有标准的答案，导致工作无法继续。

100 横向沟通

横向沟通又被称为平级沟通，是指没有上下级关系的人员（如平级的各部门经理）之间的沟通。为了消除横向沟通的障碍，客服经理要做到图 5-2 所示的几点。

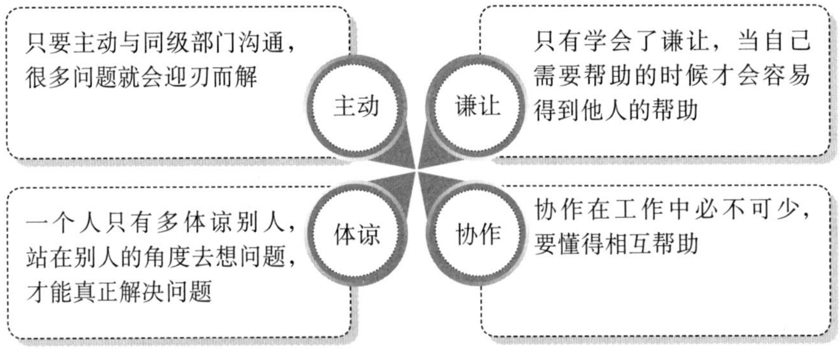

图5-2　横向沟通注意事项

101 向下沟通

客服经理向下沟通时至少要做到以下三点。

（1）多了解情况。在与下级沟通时，要多了解、多询问，这样才能言之有物，才会让下级信服。

（2）鼓励下级多尝试、多探索。

（3）提供方法，紧盯过程。与下级沟通时，要为下属完成任务提供方法并紧盯过程，如果你管理过仓库，就告诉下级存货应该怎么管理而不会浪费；如果你做过财务，就告诉下级回款为什么经常出现问题并提供解决对策。

102 需要立即沟通的情况

当工作中出现表5–13所示的情况时，客服经理一定要立即与员工沟通。

表5-13 需要立即沟通的情况

序号	情况	详细说明
1	阶段性绩效考评结束之前的绩效沟通	这是最重要的一种沟通形式
2	员工工作职责、内容发生变化时	在这种情况下，客服经理需要向员工解释发生变化的具体内容及原因，解释这种变化对公司有哪些好处，同时征求员工对这种变化的意见，最后就变化后的工作职责、内容与员工进行重新确认
3	员工在工作中出现重大问题或某个具体工作目标未完成时	客服经理要注意沟通时的语气，并向员工说明沟通的目的是解决问题和帮助其在工作上有所进步，而不是为了追究责任，希望其能坦诚分析原因
4	员工表现出明显变化，如表现异常优异或欠佳时	（1）对表现优异的员工，客服经理要对其表现突出的方面及时提出表扬，并适当了解和分析其出现变化的原因，以加强和延续其良好势头 （2）对表现欠佳的员工，客服经理要向其指出表现不佳的地方，询问其遇到了什么问题，帮助其找出原因并制定改进措施，同时要在日常工作中不断给予指导和帮助
5	员工工资、福利或其他利益发生重大变化时	客服经理要向员工说明变化的原因，尤其是在减少工资福利时，更要表明公司对该调整的慎重态度，并说明再次调整的时间，以及调整的依据

（续表）

序号	情况	详细说明
6	员工提出合理化建议时	（1）如员工的建议被采纳，客服经理应及时告诉员工并对其进行奖励，明确指出其建议对公司发展的帮助 （2）如员工的建议未被采纳，客服经理也应告知员工原因，表明公司对其建议的重视态度，肯定其对公司工作的关心和支持，希望其继续提出合理化建议
7	员工之间出现矛盾或冲突时	客服经理要了解和分析员工出现矛盾的原因，并进行调解，主要从双方的出发点、对方的优点、对工作的影响、矛盾程度的轻重等方面与双方分别进行沟通。若涉及其他部门人员，也可以请其他部门经理协助一起进行调解
8	员工对自己有误会时	客服经理首先要检讨自己，分析自身工作有无不妥之处，如有则列出改进方案或措施，向员工道歉并说明自己改进的决心和措施，以便获得员工谅解
9	新员工到岗、老员工离开公司时	（1）新员工到岗时，客服经理要确定其工作职责和工作内容，明确工作要求并说明自己对他的希望。通过沟通了解新员工的情况，帮助其制订学习和培训计划，使其尽快融入团队 （2）员工辞职时，客服经理也要与其进行充分沟通，除感谢其为公司所做的贡献之外，还要了解其辞职的真实原因和对公司的看法，以便改进工作
10	员工生病或家庭发生重大变故时	客服经理应关心员工的生活，了解和体谅其生活中的困难，并提供力所能及的帮助

103　掌握倾听的方法

沟通过程中，一些常用的倾听方法如表 5-14 所示。

表5-14　倾听的方法

序号	方法	具体运用要点
1	主动	尽力倾听和理解，改进倾听效果
2	目光接触	与沟通对象进行目光接触有助于集中注意力，降低分神的可能性，同时对沟通对象也是一种鼓励

（续表）

序号	方法	具体运用要点
3	表现出兴趣	沟通时坚定地点头或微笑等，这些非语言信号能让对方感觉到你正在专心倾听
4	避免分神行为	在倾听的过程中不要看手表、看手机或做翻动文件等其他动作，否则会使沟通对象认为你觉得他的讲话内容无聊或无趣
5	表现出关注	将自己置于倾诉者的位置来理解沟通对象的所看、所感，但不要将自己的要求和意志强加到沟通对象身上
6	把握整体	像解读实际内容那样把握对方的感觉和情绪，如果只听语言而忽视其他声音信息和非语言信号，就会漏掉很多细微的信息
7	提问	分析自己听到的内容，并且通过提问证实沟通对象所讲内容，以确保自己理解正确，并向对方表明你正在倾听
8	解释	用自己的语言复述对方所讲的内容，用“我听你这样说……”“你的意思是不是……”此类语句复述
9	不要打断对方讲话	在你提问之前，要让对方将他的想法表达完毕，不要揣测对方的想法
10	整合所讲内容	一边倾听一边整合，可以更好地理解对方的想法
11	不要讲太多	大部分人都喜欢表达自己的看法，他们倾听只是为了获得一个表达的机会，因此要给别人留出说话时间
12	在说者和听者之间转换得更自如一些	在很多工作环境中，你需要不断地在说者和听者两个角色之间转换。从倾听者的角度来说，你应该关注讲话者所说的内容，在获得发言机会前不要总是斟酌自己的讲话内容

第六章　自我管理技能

导读 >>>

自我管理工作主要包含两个方面的内容，即个人形象自检和自我反省。通过形象自检，客服经理能够打造更好的个人形象；通过自我反省，客服经理可以及早改正个人失误，在工作中取得更大进步。

Q女士：“A经理，个人形象自检是什么意思呢？”

A经理：“通常，我们说的个人形象管理是指通过对个人服饰、妆容、礼仪进行有效管理，建立起良好的个人形象。个人形象自检就是管理者自己检查自己的个人形象，自己管理自己的个人形象。”

Q女士：“个人形象管理确实很重要，因为领导的一言一行会潜移默化地影响员工。”

A经理：“无论是管理者还是员工，其个人形象都代表着企业的形象。因此，客服经理更要做好个人形象管理。”

第一节　个人形象自检

104　男士形象自检内容

男士形象自检内容如表 6–1 所示。

表6–1　男士形象自检内容

项目	检查重点	项目	检查重点
头发	(1) 发型大方得体，不怪异 (2) 头发干净整洁，长短适宜 (3) 无怪味，无头屑，无过多的发胶、发乳 (4) 额前头发未遮住眼睛 (5) 鬓角修剪整齐	面部	(1) 胡须已剃净 (2) 鼻毛不外露 (3) 脸部清洁 (4) 牙齿无污垢 (5) 耳朵清洁干净
外套	(1) 与工作环境相匹配 (2) 外套上没有脱落的头发、头皮屑，无灰尘、油渍、汗迹 (3) 衣袋平整	衬衫	(1) 领口整洁，纽扣系好 (2) 袖口清洁，长短适宜 (3) 领带平整、端正，颜色不怪异
裤子	(1) 熨烫平整 (2) 裤缝折痕清晰 (3) 裤子长及鞋面 (4) 拉链结实、已拉好 (5) 裤子表面无污垢、斑点	手	(1) 干净整洁，无污物，无异味 (2) 指甲已修剪
袜	(1) 袜子干净 (2) 袜子与裤子的颜色、款式保持统一	鞋	(1) 已上油擦亮 (2) 鞋后跟未磨损变形 (3) 鞋与衣服的颜色、款式保持统一
其他	(1) 面带微笑 (2) 精神饱满		

105　女士形象自检内容

女士形象自检内容如表 6-2 所示。

表6-2　女士形象自检内容

项目	检查重点	项目	检查重点
头发	（1）干净整洁，有自然光泽，没有太多发胶 （2）发型大方、得体 （3）额前头发未遮住眼睛 （4）头上饰品佩戴合适	面部	（1）化淡妆 （2）脸部清洁 （3）牙齿无污垢 （4）耳朵清洁干净
外套	（1）与工作环境相匹配 （2）外套上没有脱落的头发、头皮屑，无灰尘、油渍、汗迹 （3）衣袋平整	衬衫	（1）领口整洁，纽扣系好 （2）袖口清洁，长短适宜 （3）表面无明显的内衣轮廓痕迹
裙子	（1）长短合适 （2）宽松度适中 （3）拉链拉好，裙缝位正 （4）无污物、无绽线散开	饰品	（1）饰品不夸张 （2）款式精致、材质优良 （3）走动时饰品不会发出声音 （4）饰品不妨碍工作
手	（1）干净、无异味 （2）指甲已修剪整齐，长短合适 （3）指甲油浓淡适宜，无脱落现象	长筒袜	（1）颜色适宜，不影响工作 （2）干净、整洁，无绽线
鞋	（1）洁净 （2）款式大方简洁，没有过多的装饰与色彩 （3）鞋跟高度适宜，走动时不会发出过大的声音 （4）鞋后跟未磨损变形 （5）鞋与衣服的颜色、款式保持统一	其他	（1）面带微笑 （2）情绪饱满

客服经理应以个人形象自检内容为标准，在每天自检的基础上，对客服部门的所有员工的个人形象进行检查，因为不管是管理者还是员工，其个人形象都代表着整个企业的形象。

第二节　自我反省

106　了解自我反省内容

客服经理在与他人交流的过程中，难免会出现沟通不畅或其他问题，一旦对这些问题处理不当就可能引发不良后果。此时客户经理应及时自我反省，并举一反三，以避免引发更多不良后果。

例如，某客服经理在处理客户投诉时的态度不好，导致与该客户关系变得非常差，以致最后失去了这位客户。

107　做好自我反省记录

客服经理应针对自身工作中出现的问题进行深刻反省，以提高自己的管理水平。一般来说，客服经理应每周做一次全面反省，将反省结果记录下来，并提出解决方案，具体样例如表 6–3 所示。

表6-3　自我反省记录表

日期：

周	工作问题	解决方案
周一		
周二		
周三		
周四		

（续表）

周	工作问题	解决方案
周五		
周六		
周日		

108 推广运用自我反省结果

客服经理要将自我反省结果记录下来，并经常查阅这些记录，汲取经验教训，以便更好地开展工作。

同时，客服经理还可以在部门中推广自我反省的做法，以使部门员工能经常进行自我反省，提高部门工作绩效。

第三部分

专业技能

第七章　客户服务管理规划

导读 >>>

对于企业来说，要想卖好产品、创好品牌，就必须做好客户服务管理。随着消费者对客户服务内容、水平的要求越来越高，如果企业只有好产品、好品牌，而没有好服务，是无法做大做强的。

Q 女士："A 经理，我发现如今的企业，无论规模大小，都非常重视客户服务管理。"

A 经理："不错，客户是企业的生命之源。谁拥有客户，谁就拥有市场。企业只有以优质的产品和真诚的服务，不断赢得客户的满意，才会获得长足的发展。客户服务管理就是致力于让客户满意并继续购买企业的产品或服务的管理行为。"

Q 女士："那么，我们该如何做好客户服务管理规划呢？"

A 经理："为使客户服务工作令客户更满意，客服部门应制定客户服务理念、客户服务标准、客户服务管理制度，作为部门的行动指南。"

第一节　制定客户服务理念

109　客户服务理念的认知

“以客户为中心”的服务理念被许多企业提及，然而目前在国内众多企业特别是传统的制造企业的“客户服务”中大多存在以下几个方面的问题和误区。

（1）“客户服务”是客服部门的事。

（2）“客户服务”就是受理投诉、处理投诉。

（3）“客户服务”是售后被动的工作。

（4）“客户服务”是面向企业以外客户的工作。

（5）“客户服务”是面向终端客户和单位用户的工作。

其实，客户服务不是客服部门一个部门的事，而是企业所有部门的职责。客服部门除了承担起客户服务的重任外，还担负着协调其他部门共同致力于服务客户的职责。技术部门、生产部门、科研部门以及设计部门都要以立足客户、面向客户、服务客户的理念为基点，形成一种以客户满意为导向的价值观，并将这种理念和价值观落实到具体的工作过程中。

110　客户服务理念的标准

客户服务理念的标准如下。

（1）说明企业存在的理由。

（2）使企业和员工了解企业存在的意义与价值。

111　制定服务理念前的思考

制定客户服务理念之前，客服经理要思考如下三个问题。

（1）企业为什么要存在？

（2）企业为什么要经营这种业务？

（3）超越竞争对手的具体方法。

112 邀请全员参与制定

客户服务理念的制定要邀请全员参与，只有全员参与制定的理念才能得到真正的执行。客服经理要邀请各部门的员工参与服务理念的拟订工作，以充分听取大家的意见。客户服务理念是由客户服务部门在其他部门的支持配合下制定的。因为客户服务部门在企业中不是独立运转的，它需要其他部门的配合和支持，因此客户服务理念的制定必须由全员参与。

113 明确基本服务理念

企业应用简洁的语言阐明客户服务的基本理念，采取各种措施（如在职培训、早会）来宣导这一理念，要求所有员工都能熟记，并运用于日常工作。

下面是 ×× 公司服务理念的范本，仅供参考。

【经典范本 03】×× 公司服务理念

××公司服务理念

我们的服务理念是以客户为中心，真诚为客户服务。我们信奉：没有客户的满意，就没有我们的价值。我们坚持为客户提供优质产品与服务，坚持客户需求是第一选择、客户满意是第一标准。我们致力于满足客户个性化需求；努力拓展服务渠道，不断推进服务创新，增加附加服务，在追求客户价值最大化的同时实现企业价值最大化。

114 基本理念的具体化

客户服务的基本理念是客户服务人员的行动指南，为使之更有效地得到贯彻执行，企业必须将其具体化，体现到客户服务的各个环节中。

下面是 ×× 公司的客户服务理念细化的范本，仅供参考。

【经典范本 04】×× 公司的客户服务理念

××公司的客户服务理念

1. 服务宗旨

以客户为中心，客户永远是对的。

2. 服务工作标准

符合ISO 9001质量体系认证标准。

3. 服务准则

（1）贴心的服务。

（2）专业的技术。

（3）迅速的响应。

4. 服务内容

（1）设立24小时热线电话服务（咨询、电话技术指导）。

（2）网上在线服务。

（3）硬件故障维修。

（4）专业技术免费培训。

（5）用户回访。

（6）硬件有偿升级。

5. 五星级服务体系

（1）五星级服务商。

（2）五星级服务工作人员（工程师和技术员）。

××公司按照技术水平和服务质量将服务技术员及服务工程师分为四个等级，并且每年定期对他们进行培训与考核。

（3）服务工程师开展上门服务必须带齐一张服务监督卡、一双鞋套、一块抹布、一块垫布、一个静电环。

（4）“五化”服务工作。

标准化、流程化、职业化、表格化、数据化。

（5）五个“不错过”。

一不错过对每个客户进行回访。

二不错过记录每个客户反映的问题。

三不错过解决每个客户反映的问题。

四不错过了解每一个复杂问题的处理结果。

五不错过将每一个问题及处理结果向研发、生产及销售部门反馈。

6. T型服务

T型服务即企业通过横向和纵向两个维度的服务来满足客户的期望与需求，全方位地为客户提供多元化、立体化及人性化的服务，让客户感到满意，从而赢得忠实的客户。

（1）纵向服务是指贯穿产品的销售全过程，即售前的咨询、售中的导购、售后的维护和维修及升级所提供的各种服务。

纵向服务的具体工作内容如表1所示。

表1　纵向服务的内容

售前服务	在产品售出前，向客户做产品性能介绍，以及本产品与同行业产品的优势分析
售中服务	为新老客户选购合适产品，让客户买得称心，用得安心
售后服务	·产品安装高度 ·产品定期维护 ·产品故障检修（包括保修期保修、保修期外维修） ·技术咨询或培训 ·客户疑难解答（热线电话或网上在线服务） ·产品升级服务 ·产品退换服务

（2）横向服务是指全面地研究客户需求，为客户提供各种所需信息，为客户创造便于购买的条件，也就是以开拓和发掘客户为目标的各种服务。

横向服务的具体工作内容如表2所示。

表2　横向服务的内容

目标客户咨询	针对目标客户的产品需求提供详尽的产品说明，甚至设身处地为其设计购买方案
良好的服务	尊重客户、礼貌待客，热情周到的服务及友善、真诚的态度，为客户创造良好的购买条件
各种优惠服务	如定期维护、延期保修、维修到家、优惠升级、有奖监督质量
广告和宣传	运用各种方式对公司产品及性能、优质的服务进行宣传，但切忌虚夸
促销活动	积极参加展销会、订货会、展评会

115　客户服务理念的贯彻

客户服务理念一旦确定了就要在全企业范围予以贯彻。

很多企业在新员工入职后都要对其做入职前培训，培训的第一节课是企业的背景介绍，这就会涉及企业服务理念。客服经理在培训员工的时候，要反复强调企业的客户服务理念。

第二节　制定客户服务标准

116　客户服务标准的重要性

1. 树立企业及员工的工作目标——前进的动力

提供客户服务的部门需要制定客户服务标准。

因为有了标准，员工才知道什么样的服务是最好的，才会朝着这个方向去努力。优质客户服务标准不仅为工作方法提供了作业指导，同时也指明了工作的目标和方向。

2. 向客户及员工传达企业的期望

清晰、简洁、直观、有效的服务标准，可以使员工清楚地了解企业对客户服务的要求和期望。

客户服务的宗旨是向客户和员工传达企业的期望。有些企业客户服务做得不好的原因之一是员工不知道企业究竟需要他们为客户提供哪些服务和何等质量的服务。客户服务宗旨为他们指明了方向，告诉他们应该提供何等要求和标准的服务。客户服务的标准也是展示给客户的，这一方面能够让客户了解企业对于客户的态度，另一方面客户能够借此更清楚地了解企业提供的服务标准。

3. 创造有价值的衡量工具

客户服务标准是创造有价值的衡量工具。优质的客户服务标准是一个有效的员工业绩评价系统的基础，企业人力资源部门和管理人员可以根据这个标准评估员工的工作绩效。

117　客户服务标准的构成

企业客户服务标准体系的构成应包括如下内容。

1. 企业服务理念和价值观的标准化

企业要想建立一套标准化的服务体系，就必须确保所有员工有统一的服务理念和价值观，只有这样才能建立起相对应的奖惩考核体系，使客户服务标准成为衡量员工工作绩效的标尺，使全体员工的服务行为得到高度的统一和规范。

2. 员工能力和素养的标准化

企业要想建立高效合一的服务机制，就必须建设一支具备一定能力和素养的客户服务团队。客服人员必须具备专业的产品知识、服务技能、优良的个人品质和素养，否则难以胜任客服职责。这就需要企业建立客服人员的能力和素质标准，也就是岗位胜任素质模型，以帮助人力资源部门招聘到合适的客服人员。

企业可以根据客服人员的岗位胜任素质模型，设计一些课程，对客服人员进行培训，以培养出胜任各个岗位的员工。

3. 企业整体服务形象的标准化

通俗地说，企业形象就是企业在客户心目中留下的印记。它包括企业办公区域的装修格局，员工的专业化程度和精神风貌，企业的广告、标识、口号，以及产品外部包装等内容。因此，企业在建立客户服务体系的同时必须对企业的形象重新进行评估、修正和规划，以此向外界展示自身的良好形象。

4. 企业客户服务流程的标准化

客户服务每一个环节都需要多个部门的协助和配合，而使各部门的客户服务行为能够协调起来的就是业务流程。业务流程是指每一个具体工作的客户服务行为所必须经历的主要节点和处理过程。标准化的流程可以将部门之间、员工之间的行为衔接成一条顺畅的主线，从而确保客户服务管理的规范性。

5. 客户服务行为的标准化

客户服务行为的标准化是指对客户服务项目中各个环节的作业要求、标准、细节进行明确的规定，如必须将客户投诉的内容提要予以记录。企业通过建立一套标准化的服务行为，掌握客户心理需求，将服务工作做到实处，从而在市场竞争中赢得优势。

118 建立服务标准的问题思考

企业在建立客户服务标准的时候，需要思考以下问题。

（1）我们的目标客户（或消费者）是谁？

（2）他们具有怎样的特征？

（3）他们希望得到什么样的服务？

（4）他们最关心的服务指标的优先顺序是怎样的？

（5）我们能够提供什么样的服务？

（6）这些服务能够提升目标客户或消费者的体验价值吗？

（7）这些服务会对他们的再购买行为和向他人推荐产生积极的作用吗？

对这些问题的思考和回答有助于我们站在客户的立场上考虑客户服务工作（或者至少要在企业利益与客户需求间找到平衡点），从而建立可执行的、有助于建立客户关系的标准。

119　客户服务标准的要求

服务标准是明确限定、可衡量的行为指南，客服人员须严格执行，具体要求如图 7–1 所示。

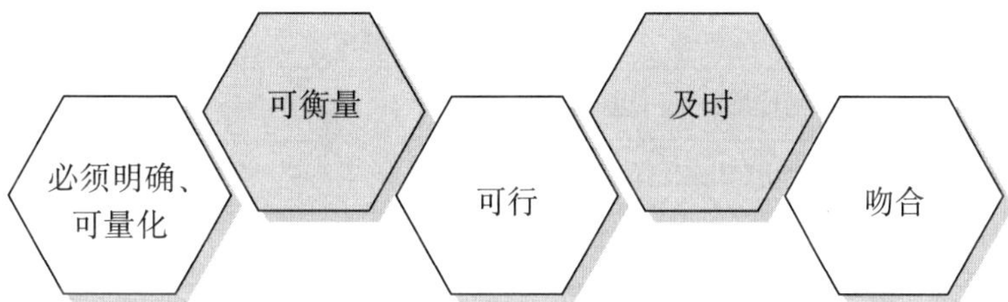

图7-1　客户服务标准的要求

1. 必须明确、可量化

（1）微笑服务，如笑的时候要露出“八颗牙齿”。

（2）接电话要及时，如铃响三声必须接起电话。

2. 可衡量

可衡量是指服务标准要有量化指标。

例如，90% 的电话都是在铃响三声内接听；每个月客户服务投诉率不能超过 1%。

3. 可行

可行，即客户服务标准是可执行的，可以实现的，不是高不可攀的。

例如，规定电话铃响三声接听率为 100% 的目标是不可能实现的，如果现在只有 75% 的接听率，那就将目标设定为 80% 或 85%。

4. 及时

服务标准应该有明确的时间限制，能够及时满足客户的需要。

5. 吻合

制定服务标准时要了解影响客户购物决策的因素是什么，也就是要与客户的需求相吻合。

120　客户服务标准的两个层面

客户服务标准要从两个层面来建立。

1. 服务程序方面的标准

服务程序方面的标准应包括的内容如表 7-1 所示。

表7-1　服务程序方面的标准

序号	内容	说明
1	时限	时间标准
2	流程	业务流程顺畅，且科学、合理
3	适应性	程序是灵活的，不是一成不变的。如果出现特殊投诉的话，它可以有所变通
4	预见性	预见性就是领先客户一步为他着想
5	信息传递	所设定的流程，要有利于信息的迅速传递
6	客户反馈	在客户服务的过程中要收集、分析客户反馈的信息
7	组织和监管	有清晰、高效的组织结构

2. 客户服务人员方面的标准

为达到优质服务，必须为客户服务人员制定一个工作标准。

(1) 仪表——外在形象的标准。

(2) 对客户的关注——使客户感受到被特别优待。

(3) 得体——服务语言的规范化。

(4) 销售技巧——销售是服务不可分割的一部分。

(5) 投诉处理标准——处理权限有多大，有哪些相关标准。

因为有了标准，员工才知道什么样的服务才是达标的，才会朝着这个方向努力。

121　客户服务标准的制定

客户服务标准的制定步骤如图 7–2 所示。

确定客户认为哪些方面的服务是重要的 → 确定你需要改变哪些方面的服务 → 确定可衡量的标准 → 形成书面化的文件

图7-2　客户服务标准的制定步骤

122　客户服务标准的执行

客户服务标准按图 7–3 所示的步骤来执行。

第一步	就客户服务标准对员工进行培训
第二步	定期对服务标准进行完善
第三步	向员工公布对标准执行情况的检查结果
第四步	奖励员工——根据服务标准来考察员工，并对表现出色的员工进行奖励
第五步	重新评估服务标准，因为服务标准是不断变化的，当你发现制定的某个标准不太科学合理，或者说不可能做到时，要及时修改

图7-3　客户服务标准的执行步骤

第三节　制定客户服务管理制度

123　制度化管理的好处

制度化管理的好处有如下几点。

（1）帮助客服人员形成依据制度办事的习惯。企业通过各种制度来规范员工的行为，员工依据客户服务管理制度来处理各种客户服务业务，促使企业的客户服务逐步走向标准化和规范化。

（2）实施制度化管理，员工可以快速掌握客服岗位技能，客服部门与其他部门之间、员工与员工之间及上下级之间的沟通也有章可循，可让员工最大限度地减少工作失误。

（3）提高员工工作效率。实施客户服务制度化管理，客服经理可以方便地监控和考核员工工作，能促进员工不断改善和提高工作效率。

（4）有助于客服工作程序化和透明化，强化了对权力的监控和约束，减少和遏制了客服人员的不良行为或危害企业利益的行为。

（5）不仅能改变客服人员的行为方式，更重要的是培养客服人员好的习惯，提升客服人员的职业素养。

124　管理制度的范围

客户服务管理制度一般是由一些客户服务方面的规范性的标准、流程或程序，以及规则性的控制、检查、奖惩等组合而成的，在很多场合或环境里，规则＝规范＋程序。

例如，关于接线员提供客户服务的要求，客服经理可以根据实际情况制定相应规范。

（1）电话铃响三声内接听电话，规范用语为“您好，××公司”，然后询问客户信息并认真做记录，尽可能多登记几个联系电话。当电话需要转接时，“请您稍等，我帮您转接”。说话语气必须热情、客气、委婉、明朗、简练，结束通话时让客户先挂断电话。

（2）当客户投诉时应耐心听完客户陈述，并安慰客户：“真对不起，请您先消消气，我们会尽力帮助您……”如有处理不了的情况要立即汇报上级。

（3）当客户发现产品出现故障，打电话来咨询解决办法时，要说，“请您不用担心，我们的技术员会尽快上门检修”。

（4）当客户询问产品价格、性能方面的问题时，应尽可能准确、简单地介绍，最后要说，“多谢您的咨询，再见”。

（5）当客户询问技术问题，而自己又不能准确回答时，要说，“对不起，请您稍等，我请专业技术人员来给您解答好吗”，然后马上找技术人员来帮助解答。

125　管理制度的内容

管理制度主要包括如下内容。

(1) 编制目的。

(2) 适用范围。

(3) 权责。

(4) 定义。

(5) 管理规定。

(6) 相关文件。

(7) 所用表单。

上述内容的编写要领如表 7-2 所示。

表7-2　管理制度内容编写要领

序号	项目	编写要领	备注
1	目的	简要叙述编制这份制度的目的	必备项目
2	范围	主要描述这份制度所包含的作业深度和广度	必备项目
3	权责	列举本制度和涉及的主要部门或人员的职责与权限	必备项目
4	定义	列举本制度中提到的一些专业名词或特殊事项	可有可无
5	管理规定	这是整个制度的核心部分。依顺序详细说明每一步骤涉及的组织、人员及活动等的要求、措施、方法	必备项目
6	相关文件	将制度中提及的或引用的文件或资料一一列举	可有可无
7	使用表单	将制度中提及的或引用的记录一一列举，用以证明相关活动是否被有效实施	必备项目

下面提供一份 ×× 电商公司客服部日常工作制度的范本，仅供参考。

【经典范本 05】×× 电商公司客服部日常工作制度

××电商公司客服部日常工作制度

一、目的

为更好地管理电商客服部人员，特制定以下制度，请各位务必自觉遵守。

二、适用范围

电商部客服人员包括售前客服人员、售中客服人员、售后客服人员。

三、值班时间

白班8：30—17：30，晚班17：30—凌晨1：00，每周单休，工作六天休息一天，休息时间由组长轮流安排，晚班客服人员下班时间原则上以凌晨1点为准，如还有客户在咨询，接待客服工作时间自动延长。

四、工作交接

白班客服人员下班前要和晚班客服人员做好工作交接，晚班客服人员下班前要把交接事项写在交接本上。

五、人员素质

客服人员要具有良好的职业道德和正确的服务理念，树立把困难留给自己、把方便让给客户的服务宗旨，维护本公司形象，全心全意地为客户服务。

六、熟悉产品

客服人员要熟悉公司所销售的产品、店铺促销方案等。

七、工作标准

客服代表在工作过程中，应严格按照“三要、三不、四个一样”的要求去做。

三要：要“请”字当头，要“您”字不离口，要“再见”结尾。

三不：不使用生硬语气，不责备、不埋怨客户，不说推卸责任的话语。

四个一样：生人熟人一个样、工作忙闲一个样、有无检查一个样、情绪好坏一个样。

八、活用线上聊天工具

通过线上聊天工具和客户沟通，应尽量使用活泼生动的语言，不要让客户感觉到你在怠慢他。虽然很多客户会想“哦，他可能很忙，所以顾不上理我”，但客户还是会觉得自己被忽视了。如果实在太忙，客服人员不妨客气地告诉客户，“对不起，我现在比较忙，我可能会回复得慢一点，请您谅解”，这样便可以取得客户的理解。

九、现场纪律制度

1. 在办公区内不得大声喧哗、嬉戏，不许串岗，不得做与工作无关的事。

2. 电脑显示器位于台面右侧，耳机悬挂于机台左侧。

3. 工作台面整洁，记事本统一放置于同一位置。

4. 座椅须摆放整齐，离座后桌椅、物品应及时归位。

十、个人形象

上班时间穿公司制服，不许穿拖鞋及过于暴露的服装。

十一、请假

上班时间不得迟到、早退，有事离岗须向主管请示，如需请假，须事先联系部门经理。

十二、保密协议

严格恪守公司秘密，不得将公司的机密信息、产品技术信息等泄漏给第三方。

十三、现场管理制度

1. 听从管理人员的指挥调度。

2. 规范地使用客户服务用语，快速地解答客户问题。

3. 坐姿要端正，桌面要保持整洁卫生，不得摆放与工作无关的物品。

4. 不在设备处乱涂乱画。

十四、岗前培训

1. 新员工入职后，客服部配合市场部对新员工进行上机操作培训工作。

2. 新产品上线前，市场部相关人员负责对客服人员进行培训，介绍新产品。客服人员必须在新产品上架前掌握产品的属性和特点。

十五、附表

1. 白 / 晚班交接表（略）。

2. 员工请假单（略）。

126　管理制度设计考虑的因素

客服经理在制定管理制度时应考虑一个根本性的因素——员工，具体如图 7-4 所示。

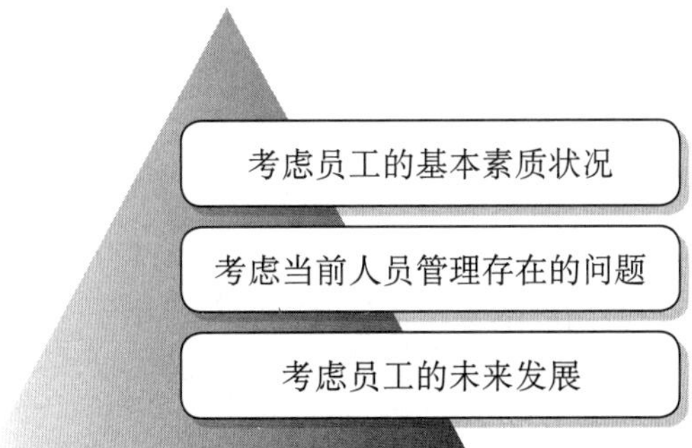

图7-4　管理制度设计应考虑的因素

1. 考虑员工的基本素质状况

客户服务制度必须规定客服人员在处理客户各项问题中的权限，也就是权力在不同的管理层次、不同人员之间的分配。

一般来说，客户服务制度应规定将较多的权力交给能力较强的骨干人员，这样有助于保证客户服务目标的实现。而对于目前能力不足的员工，企业一方面应对其加强培训，另一方面应通过上级的指导逐步将权限移交给他们，最终实现充分授权。

2. 考虑当前人员管理存在的问题

制度的制定目的之一在于解决管理中出现的与员工有关的问题，以及对员工的行为进行约束与规范。例如，为了规范员工在会议中迟到、早退等问题，需要制定相应的会议考勤管理制度，对员工的行为进行约束。

3. 考虑员工的未来发展

考虑员工的未来发展并不等于要简单地适应和迁就现有员工，而是必须根据环境的变化不断地对制度有所创新，一方面要不断地适应人才的发展，另一方面要适应外部环境的变化。

127　管理制度的设计原则

客服经理在制定各项管理制度时，应遵循图 7–5 所示的设计原则。

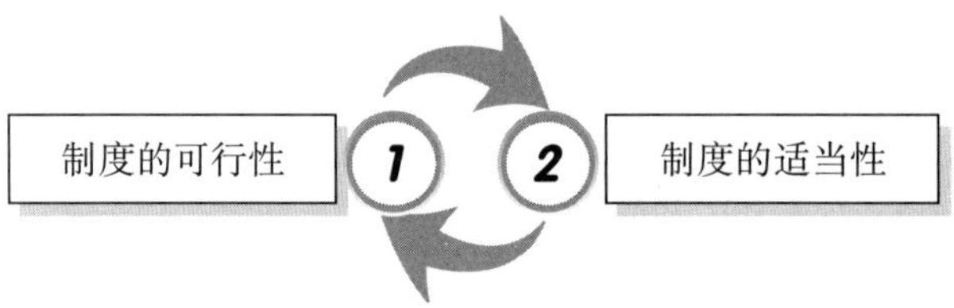

图7-5　管理制度的设计原则

1. 制度的可行性

制度并不是数量越多越好，也不是规定越严越好，关键在于制度是否可行，是否具有较好的可操作性。客服经理在制定制度时，还必须注意制度的量与度的问题。有些制度如果暂时执行不了，可先缓一缓，待制度本身具备了可行性和可操作性后再予以实施。

2. 制度的适当性

制度的适当性是指制度必须植根于企业的现状，针对企业的具体问题，结合企业的实际。

客服经理应该从本企业目标出发，制定相应的配套控制措施，并且经常进行风险分析，结合风险变化对制度的适当性进行评估，及时改进和完善制度。

128　推行制度的配套措施

仅制定书面的制度，并不是管理的目的，让制度真正有效地发挥作用才至关重要。因此，客服经理必须采取措施确保制度得以执行。推行制度还需要图 7–6 所示的配套措施。

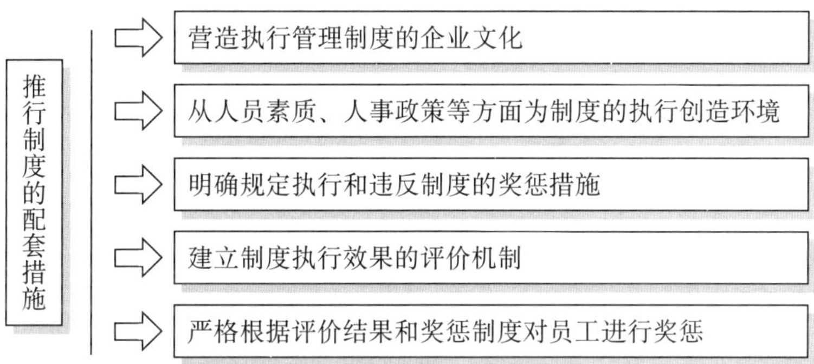

图7-6　推行制度的配套措施

129　制度执行与监督

应由专人负责对制度执行的结果进行检查并记录，若发现违反制度规定的情况，应及时通知违反者，要求其改正。

130　制度执行结果的处理

制度执行的结果，通常依据专人检查而定。企业根据检查结果，将之分别与培训、考核挂钩，以严格地执行相应的奖惩措施。

第八章　客服团队管理

导读 >>>

客户服务的运作，如果没有一支高效运作的团队去执行，没有一个出色的服务职能部门作支撑，就不可能取得好的效果，因而必须做好客服团队管理工作。

Q 女士：“对于电商企业来说，客服部门团队的能力与企业整体业绩的联系大吗？”

A 经理：“在这个充满竞争的经济社会，每个行业都有自己对客户服务工作不同的诠释和要求。对于我们电商企业来说，一个好的客服团队能够很好地提高转化率、客单价、复购率，有效地降低退款率，减少纠纷等售后问题。”

Q 女士：“那看来我们客服部门的地位还是非常重要的。”

A 经理：“作为管理者，一定要管理好自己的团队，包括团队的组建、员工招聘与任用、员工培训与督导、团队氛围的营造、员工压力缓解与心理调适等工作。”

第一节 组建高效服务团队

131 找准团队组建理念

对于电商企业来说，客服团队的建设非常重要，客服团队的能力与企业整体业绩有很大的联系。

1. 基于岗位责任制组建团队

企业应在设定岗位责任制的基础上进行充分授权，并以客服经理为核心来组建客服团队。客服经理对客服团队的其他管理人员（如客服主管）、客服人员数量配置、入职标准、基础薪酬标准等拥有选择权和决定权。无论是企业领导，还是其他部门和个人，都不能擅自越权，从而干涉客服经理的团队组建工作。

客服经理在企业领导的授权下，可以充分按照个人的理念和工作思路开展团队组建工作。这有利于客服经理在日后工作中，能统一思路、顺畅传达指令，从而形成一支富有激情、凝聚力强、执行力强的团队。

2. 完善监督考核机制，实行业务、管理双制衡

企业可以通过完善企业监督考核机制、业务研讨机制、业绩考核机制，实现对客服经理的有效管理，以免客服部门出现业务偏离或徇私舞弊等情况。

132 明确团队战略目标

团队就是为了完成一定的使命和任务而组建的，没有明确使命和目标的团队是不可能长期存在的，更谈不上有卓越的表现。因此，客服团队的组建从一开始就应当明确团队的战略目标，并且要将总的战略目标层层分解。

133 设计组织架构

组织架构设计是企业为实现其发展战略所进行的一项基础工作。客服部门的组织架构设计就是对构成客服部门的各要素进行排列、组合，明确管理层次，分清各岗位之间的职责与

相互协作关系，从而形成一个决策、执行、监督的组织架构体系。

常见的客服团队组织架构有以下四种。

1. 综合型客服团队架构

综合型客服团队架构的特点是人员配置少，处理的事务相对较多，内部分工不是很细。这一架构比较适用于小型企业和刚刚开始发展的企业。综合型客服团队架构如图 8–1 所示。

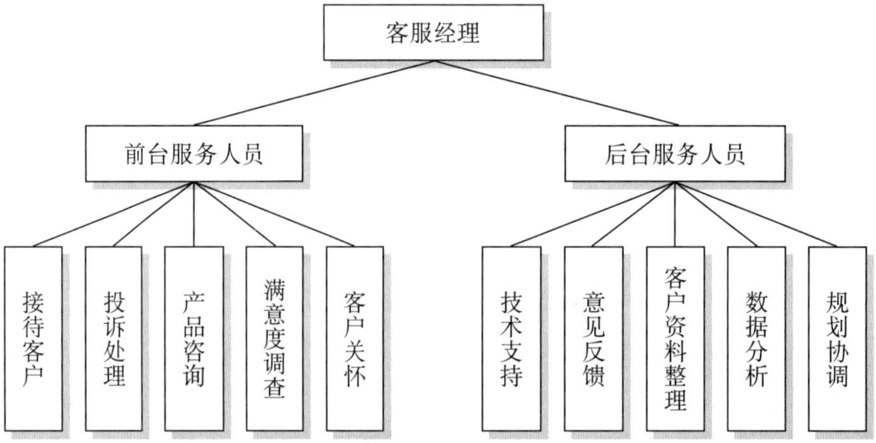

图8-1　综合型客服团队架构

综合型客服团队架构的优点是可以避免人力资源的浪费，缺点是人员的分工不明确。这种架构要求一线服务人员具有较强的处理问题的能力，同时要求一线管理人员具有较强的协调能力。

2. 职能型客服团队架构

职能型客服团队架构的特点是根据不同的职能划分各个岗位，不同的岗位有着不同的职责。职能型客服团队架构如图 8–2 所示。

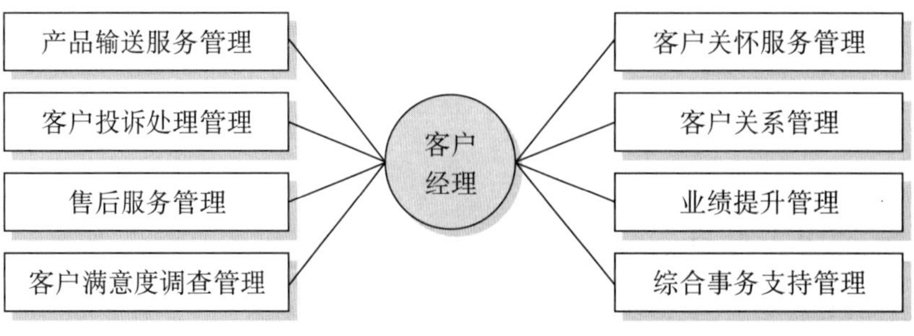

图8-2　职能型客服团队架构

此架构中，客服人员的职责非常明确，客服团队中高级管理人员的管理权限被分散，符合现代企业管理的思路。但是这种架构对于客服团队的职责划分要求非常高，相对而言，比较适合以下两类企业。

（1）事务比较复杂、客户量比较大的企业。

（2）管理水平较为先进的大中型企业。

3．金字塔型客服团队架构

金字塔型客服团队的特点是管理人员比较多，各个岗位的职能划分比较细致。金字塔型客服团队架构如图 8-3 所示。

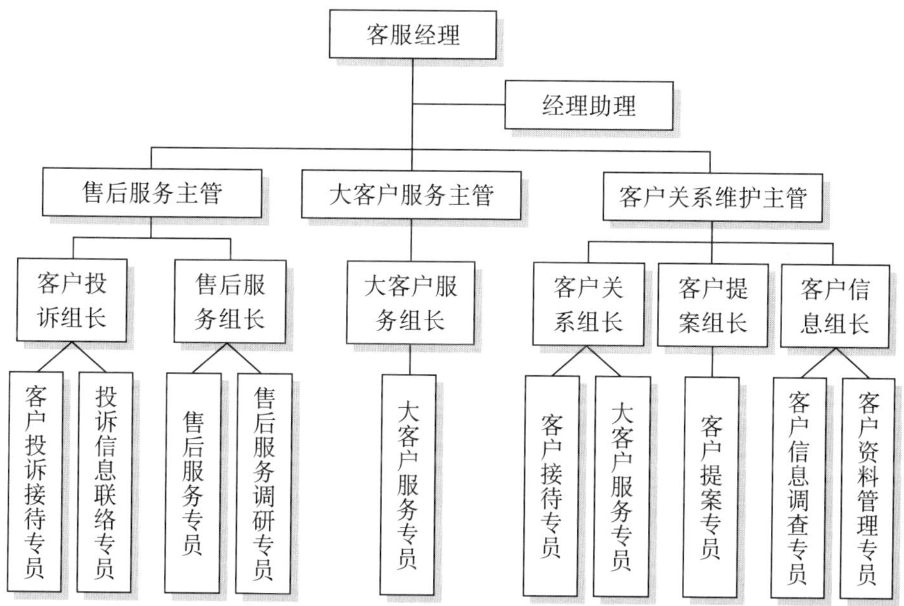

图8-3 金字塔型客服团队架构

此架构中，客服经理位于最高层，其主要工作是负责服务战略的规划、客户服务设计和整个客服团队的管理等工作。在客服经理下面，我们根据不同的岗位职能设计不同层级的管理人员和基层服务人员。

这种客服团队架构适用于岗位体系较完善的大中型企业以及专门的销售客服团队等。该架构的优点是分工细致、明确，每一个岗位都有明确的职责且由专人负责，但缺点是成本比较高。

4．流线型客服团队架构

流线型客服团队架构的特点是专业且高效。流线型客服团队架构如图 8-4 所示。

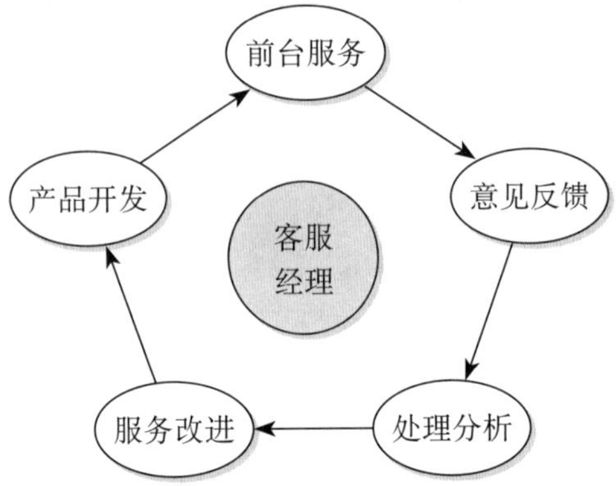

图8-4　流线型客服团队架构

流线型客服团队架构的优点是各个岗位责权分明，比较重视团队合作能力。在图 8-4 中，客服经理的主要职能是协调和控制，具体的事务由不同客服人员来完成。这种架构有利于增强团队成员的主人翁意识和责任感，但其缺点是任何一个岗位的工作出现差错都会影响整个工作的进度和效果。

不同的客服团队架构，其作用是不一样的，适用范围也是不同的。客服经理应该根据本企业的整体架构、经营项目、市场情况、客户需求等进行合理的规划，并根据发展的需要适时地进行调整。

134　严谨细致选拔成员

组建客服团队，最核心的是对人的识别，找合适的人做合适的事，找专业的人做专业的事。

1. 管理人员须德才兼备，基本素质要过关

客服管理人员必须德才兼备。“德”是一种能力，是一种对自我行为有效控制的能力，内容主要包括责任心、上进心、事业心和爱心。“才”也是一种能力，是一种对外的能力，内容主要包括要有敏锐的洞察力，富有创新精神，要善于总结提高，有强烈的务实精神，要善于用人，能带领团队。

2. 客服人员的选拔

目前，在客服人员的选拔中，普遍存在着“经验主义”的误区：强调应聘者的所谓“相关工作经验”，希望找到能迅速提升企业业绩的高手，从而节省系统培训的时间和成本。事实上，有从业经历的人员带来工作经验的同时，也可能带来不适合本企业发展的一些问题，

从而增加其融入本企业客服团队的难度，给客服经理的团队管理带来压力，不利于团队凝聚力的形成。

因此，对客服人员的选拔一定要走出经验主义的误区，客服经理不仅要注重客服人员的从业经验，更要从职业道德、服务理念、专业技能等多方面进行严格的审查与把关，层层筛选，将一批服务意识强、实操能力强、符合企业要求的客服人员补充到团队中。

135 明确各岗位工作职责

可以这样说，在企业的职能部门中，客服部门的业务职能最复杂，工作内容也最烦琐。因为客服部门是联通企业外部市场与内部环境的桥梁，其工作内容的交叉性和战略地位重要性决定了客服团队必须保持各项工作的高效、灵活和有序。因此，明确客服团队成员的岗位职责相当重要。

客服岗位是企业为了完成客户服务而确立的，由工种、职务、职称与等级内容组成。

明确客服的岗位职责，可以最大限度地实现岗位的科学配置；可以有效防止因职务重叠而发生的工作推诿现象；同时也有助于提高员工的工作效率与工作质量，规范其操作行为。因此，明确客服人员的岗位职责是非常重要的。

下面提供一份 ×× 公司客服部岗位职责的范本，仅供参考。

【经典范本 06】×× 公司客服部岗位职责

××公司客服部岗位职责

1. 售前主管的岗位职责

岗位人员	售前主管	所属部门	客服部
直接上级	客服经理	直接下级	售前客服
工作职责	（1）主持早例会，对当天早班人员的工作进行分配 （2）主持晚例会，对当天工作情况进行总结和分析，并讲解第二天的工作重点 （3）处理小组员工提报的问题 （4）按照排班表要求安排好小组员工的午餐、晚餐，以及不同班次之间的交接事宜 （5）了解小组内员工的工作状态，咨询量少时对未付款订单进行跟进等 （6）组织员工参加部门的各种培训及会议，做好日常考勤		

（续表）

工作职责	（7）对未参加培训的员工单独指导，保证工作信息的及时、有效传递 （8）针对其他部门反馈的个别员工需改进的信息，提醒员工注意并加以改进，努力提升小组内员工的工作质量 （9）配合部门工作，在小组内营造良好的竞争氛围，邀请优秀员工分享经验，提升小组员工分析问题和解决问题的能力 （10）完成经理安排的临时性工作

2. 售前客服人员的岗位职责

岗位人员	售前客服人员	所属部门	客服部
直接上级	售前主管	直接下级	
工作职责	（1）受理客户的售前咨询，为客户推荐商品等 （2）介绍商品的材质、卖点，利用当前的促销活动吸引客户购买 （3）解答客户购物时的疑惑，如付款方式、运费等 （4）对客户提出的商品问题、页面问题、仿冒店铺问题进行反馈 （5）对催发货、指定快递、快递异常、退换货等进行解释 （6）受理、分流、交接部分售后问题		

3. 售后主管的岗位职责

岗位人员	售后主管	所属部门	客服部
直接上级	客服经理	直接下级	售后客服人员
工作职责	（1）主持早例会，对当天早班人员的工作进行分配 （2）主持晚例会，对当天工作情况进行总结和分析，并讲解第二天的工作重点 （3）处理小组员工提报的客户投诉、异常订单问题 （4）按照排班表要求安排好小组员工的午餐、晚餐，以及不同班次之间的交接事宜 （5）了解小组内员工的工作状态，对小组内员工处理客户投诉、回复客户留言的管理等 （6）组织员工参加部门的各种培训及会议，做好日常考勤 （7）对未参加培训的员工单独指导，保证工作信息的及时、有效传递 （8）针对其他部门反馈的个别员工需改进的信息，提醒员工注意并加以改进，努力提升小组员工的工作质量 （9）退换货跟进和原因分析 （10）完成经理安排的临时性工作		

4. 售后客服人员的岗位职责

岗位人员	售后客服人员	所属部门	客服部
直接上级	售后主管	直接下级	
工作职责	（1）审核带留言的订单，核实或修改客户地址、电话、商品及尺码等 （2）对于缺货订单，及时通知客户 （3）对异常快递订单进行反馈、跟踪 （4）受理客户的退换货要求 （5）受理客户的退款要求 （6）受理客户投诉，回复客户留言 （7）联系在评论区表达不满的客户，核实真实情况，并在评论区回复 （8）对店铺会员进行维护和管理		

5. 培训专员的岗位职责

岗位人员	培训专员	所属部门	客服部
直接上级	客服经理	直接下级	
工作职责	（1）每周进行一次集中培训，培训内容包括沟通技巧、流程、销售技能等 （2）不定期针对新品、促销活动、系统使用、内部制度、企业发展进行培训 （3）每两周由培训主管收集一线客服人员的培训需求，汇总后开发课件，完成培训 （4）跟进店铺目前客服人员遇到的问题，进行分析后，对客服人员进行危机培训		

第二节　员工招聘与任用

136　电商客服的能力要求

电商客服人员应具备图 8-5 所示的能力要求。

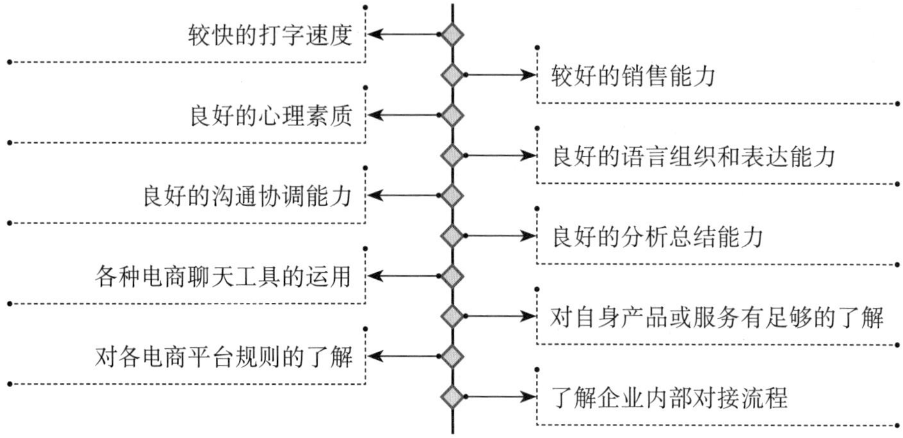

图8-5　电商客服的能力要求

1. 较快的打字速度

电商客服人员不像实体店客服人员，其不能和客户直接面对面交流。由于客户看不到实体产品，不能直观地感受、体验产品，客服人员一定要充分利用线上聊天工具。虽然现在有一部分电商客服工具有语音功能，但绝大部分还是文字聊天。这一方面有利于专业化、正规化的沟通，另一方面也有利于保留证据，一旦出现纠纷有利于商家维权。因此，打字速度是对客服人员的最基本要求。

2. 较好的销售能力

电商客服人员是直面消费者的，是电商商家和客户“直接接触”的唯一窗口。客户是否下订单，很大程度上取决于客服人员的销售水平高低。因此，客服人员与实体店的营销人员一样必须具备较好的销售能力。

3. 良好的心理素质

客服人员应具备图 8-6 所示的心理素质。

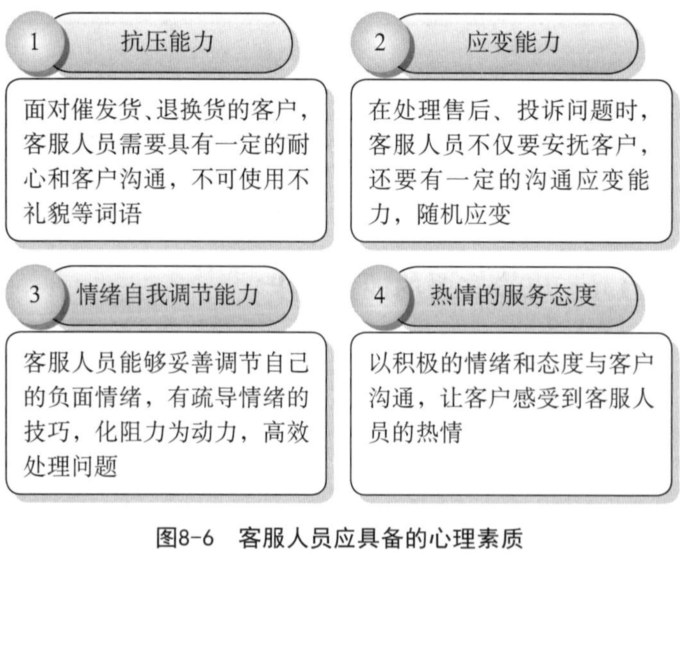

图8-6　客服人员应具备的心理素质

4. 良好的语言组织和表达能力

电商平台是一个虚拟的网购平台，交易过程中大部分问题都是通过聊天工具进行沟通解决的，这种沟通的方式不是面对面的，而是有着一屏之隔，因此文字在这个过程中起着关键作用。一位合格的客服人员必须具备良好的语言组织和表达能力，能通过文字的输出让客户正确地理解和掌握商品信息，同时也让客户透过文字了解自己的服务态度和服务水平。

5. 良好的沟通协调能力

沟通能力在客服岗位职责中至关重要，无论是接待客户、主动了解和挖掘客户的需求、最终促成成交，还是通过内部推动，将客户的需求反馈并协调相关部门进行优化和改进，这种能力不可或缺。

6. 良好的分析总结能力

客服人员需要具备基本的分析能力，如消费者未下单的原因分析，是优惠力度不够，还是产品功能未能满足，或者客服问题所致，通过分析来反哺运营、产品的改善以及自身能力的提升。

7. 各种电商聊天工具的运用

现在几乎每个电商平台都有自己专业的、独立的聊天工具，客服人员通过这些工具可以直观地了解客户动向、客户信息、订单信息。这些工具具有订单备注、订单修改等操作功能。另外，团队之间的相互转接、交接等，都需要用到聊天工具，所以熟练地掌握电商平台所使用的聊天工具也是客服人员的必备技能。

8. 对自身产品或服务有足够的了解

企业最终销售出去的是产品或服务，所以客服人员要对产品或服务有足够的了解，这不仅会大大提升服务质量、转化订单的效率，也会极大地减少纠纷的产生。

具体来说，售前客服应具备图 8-7 所示的产品知识。

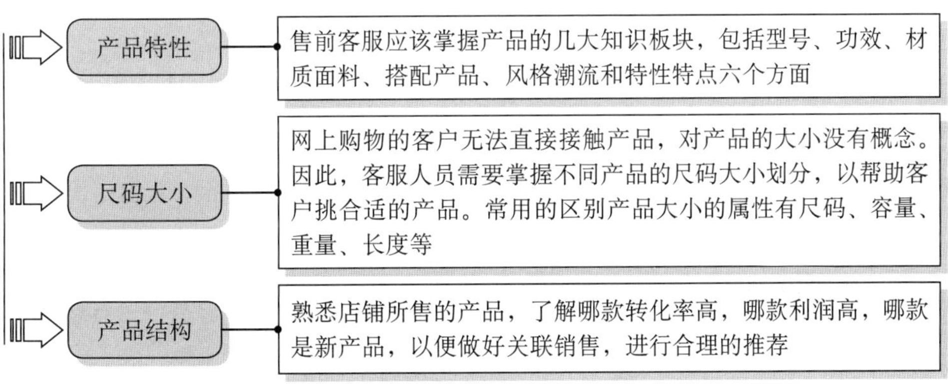

图8-7　售前客服应具备的产品知识

9. 对各电商平台规则的了解

各大电商平台会根据相关法律规定制定适合自己平台的规则。这些规则是绝对不能违反的，一旦违反就会带来相应的处罚和影响，如扣分、降权甚至关店，所以客服人员一定要清楚地掌握这些规则。

10. 了解企业内部对接流程

客服人员对企业同部门之间的对接，如售前和售后客服人员的对接、早班和晚班客服人员的对接流程、注意事项、交接方式都必须清楚，因为一旦对接不到位引发差错，就可能会引起客户的不满，从而使店铺受到投诉、差评、赔付等负面影响。另外，客服人员要了解和企业平行部门之间的对接，如和仓库、物流等的对接，否则会有可能因仓库、物流方面的服务不及时而接到投诉、收到差评。

137 审查潜在候选人

挑选新的客服人员时，企业的人力资源部门有他们一直沿用的特定标准。客服经理只需同人力资源部门讨论并理解这些基准的内容即可。实际上，客服经理可能必须坚持某些素质应当被忽略或加强，以确保进入团队的客服人员具有在非面对面的模式下处理客户事务的能力。

138 资历审查

对某些高级专业人员的聘用，可采用资历审查甄选的方式。资历审查须对拟补充人员的所需资格条件事先做出明确的规定，包括但不限于以下内容。

（1）态度。

（2）应对能力。

（3）毕业的院校是否与企业文化相匹配。

（4）个人目标是否与企业整体目标相配合。

139 面谈应聘者

面谈是甄选客服人员的一项很重要的工具。面谈的目的如图 8–8 所示。

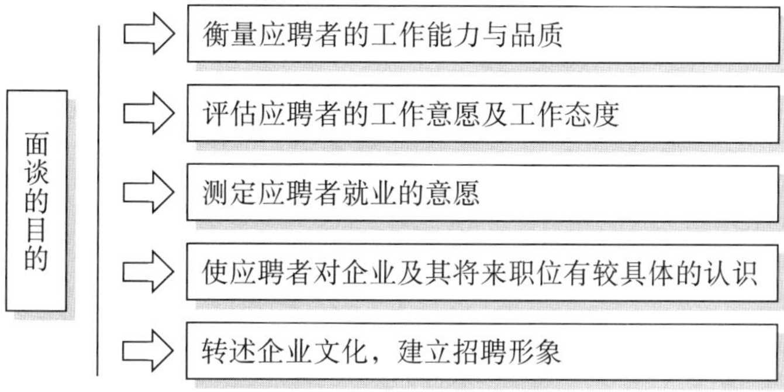

图8-8　面谈的目的

在面谈时，客服经理要评估应聘者是否适合做客服工作，可先设计一份面试评估表，按所列项目或问题一一地与应聘人员进行面谈，面谈过程中可以记录其优缺点，评定分数，以此作为取舍的依据。

140　员工试用

面试通过后，被录用的员工依规定的日期到客户服务部门报到，并开展工作。通常，企业均有试用期的规定，有的试用期 3 个月，有的试用期 40 天，有的试用期 1 个月，具体依据各企业的需求而定。规定试用期的目的在于让各单位主管在试用期了解新进员工的工作能力、潜力及工作态度。同时，新进员工也借此学习及了解工作内容、企业的要求，认识其他团队成员，建立良好的人际关系。

141　正式任用

正式任用即试用期员工转正成为正式的员工。员工在报到时，企业须将员工手册分发给员工，使其了解企业的文化、规章制度、经营理念以及各项客户服务规定，帮助其尽快地适应工作与环境。任用过程若能处理得好，可降低员工离职率。

第三节　员工培训与督导

142　员工培训的目标

培训目标有许多，每次培训至少要确定一个主要目标。总的来说，培训目标包括图 8–9 所示的内容。

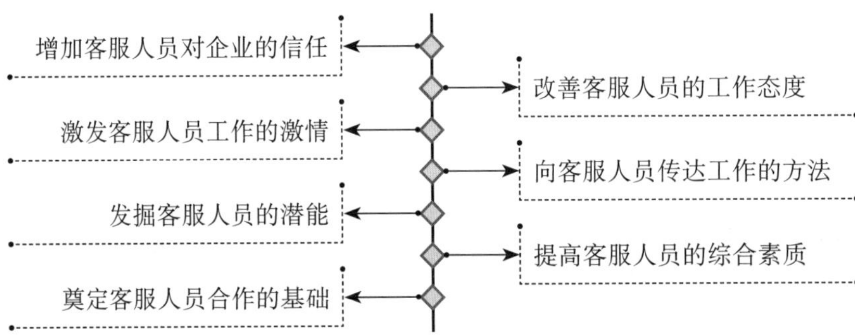

图8-9　员工培训的目标

143　新进人员培训

新进人员的培训内容如图 8–10 所示。

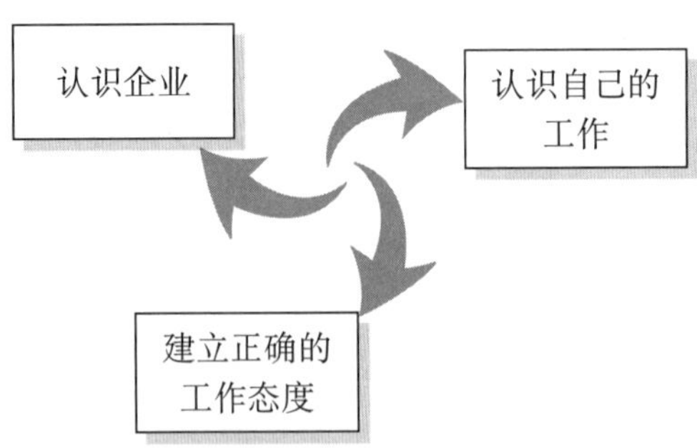

图8-10　新进人员的培训内容

1. 认识企业

了解企业的过去、现在与未来。"过去"包括企业的创立、转折、业绩等；"现在"包括企业的组织架构、经营战略、企业文化等；"未来"指企业的发展方向、发展前景、发展重点，让新员工找到未来努力的方向。

2. 认识自己的工作

认识自己的工作包括明确其所处部门、上级、同事、下级、工作内容及相应的规章制度等。

3. 建立正确的工作态度

员工的工作态度在进入企业后的48小时内是最容易被调整的，所以企业一定要把握住这48小时，一旦错过这个时机，员工若是养成了不良习惯，客服经理再对之进行调整就比较困难了。

144　在职人员培训

在职客服人员培训内容主要集中在图8-11所示的几个方面。

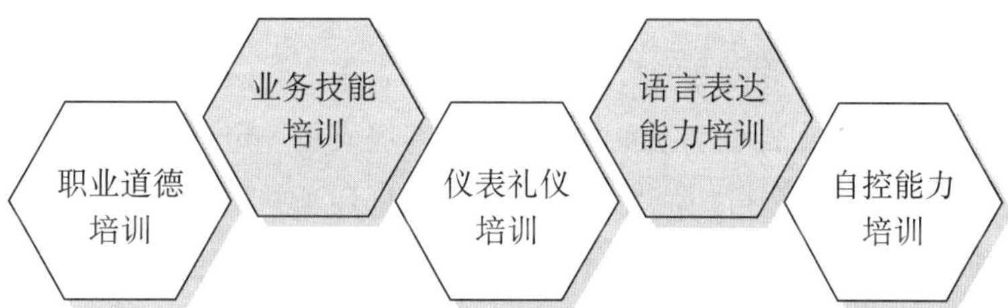

图8-11　在职客服人员培训内容

1. 职业道德培训

职业道德培训旨在通过培训使客服人员的思想观念发生质的转变，即认识到职业道德培训不仅对企业有利，对自身的发展更为重要，从而发自内心地去改变自己，自觉地提高职业道德水准。通过职业道德培训应达成以下目的：

（1）强化并提高客服人员的忠诚度、敬业精神以及工作责任心；

（2）了解并理解诚信、敬业精神、责任意识、使命感等内容；

（3）帮助客服人员树立正确的工作心态，遵循工作原则，提高职业素质；

（4）增强企业凝聚力，促使客服人员遵章守纪，养成自律品质，完善职业操守；

（5）明确职业操守的特质，提高客服人员对职业理想、职业道德、职业责任的认识。

2. 业务技能培训

业务技能培训是客服人员培训的主要内容之一。因为客服人员业务素质的高低直接影响他们服务质量的好坏。客服人员只有具备了丰富的专业知识、熟练的操作水平和娴熟的营销技巧,才能解决客户的疑问,取得客户的信任;才能主动地为客户提供服务,让客户感到满意;才能了解客户的需求,最终促成交易的达成。

3. 仪表礼仪培训

仪表礼仪培训是指仪容、仪表、仪态方面的培训课程,这是客服人员培训的一项关键内容。因为客服人员的仪表是企业的"门面",直接影响着客户对企业形象的认知。在客户服务工作中,客服人员健康的体态、美好的容貌、整洁得体的服饰、亲切和蔼的态度,都会给客户留下深刻的印象,这会对服务工作的顺利开展起着积极的推动作用。

4. 语言表达能力培训

客服人员直接面对客户,所以企业要想提供优质服务,就必须对客服人员的语言表达能力进行培训,以确保客服人员的语言表达清晰、准确、有条理,增强客户的信任感;其交谈要富有情感且形象生动,以引起客户的好感,起到感染客户的作用。

5. 自控能力培训

优秀的客服人员必须具备良好的自控能力,因为客服人员是不能挑选客户的,遇到挑剔和不讲理的客户也要想方设法地避免冲突。因此,客服人员一定要有良好的自我修养和高度的自控能力。这种自我修养和自控能力是可以通过培训逐渐掌握和具备的,如企业可以通过角色扮演或情景模拟等训练,让客服人员掌握在不同情况下如何恰当地处理和把握自己的情感,从而避免跟客户发生直接冲突。

145 培训的方式

常见的培训方式有图 8-12 所示的几种。

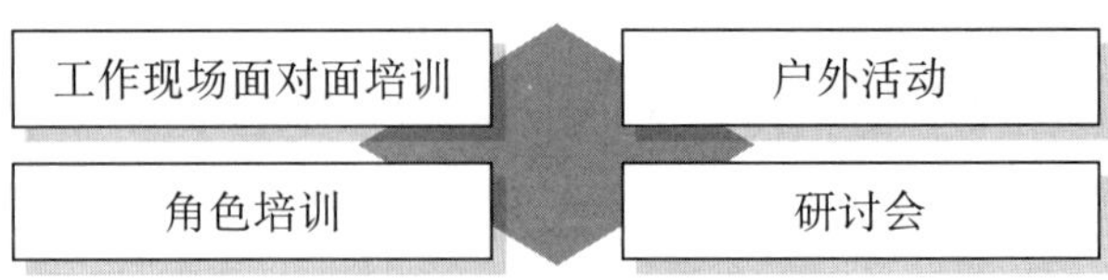

图8-12 培训方式

1. 工作现场面对面培训

这种培训一般在工作现场展开。客服经理可以制订一个周密的培训计划,强调 3~4 个关键问题,可以是客服工作中的棘手问题,也可以是企业的新政策。在现场,客服经理可以把服务管理的一些术语解释得很清楚,也可以就一些难处理的棘手问题的解决步骤和注意事项进行详细的指导,还可以让员工明白他们在企业中的位置和作用，以便他们更好地为客户服务。

2. 角色培训

角色培训就是让受训人员扮演不同的角色，体会不同角色的思想、感情和反应。这样的培训有助于客服人员把握客户真正的需求和遇到问题时的心态、情绪，从而能够站在客户的角度思考问题。

3. 户外活动

企业可组织受训人员参加有意义的户外活动，使他们在活动的过程中接受培训。

4. 研讨会

研讨会是指就某一专题或某方面的问题，组织有关人员讨论。讨论时间没有硬性规定，可以是半个小时，也可以持续一周，具体根据需要而定。研讨会可以由内部培训人员组织，也可以由外部培训专家组织；但不管怎样，研讨的结果都应该被重视。通过召开研讨会，能在较短的时间内获得大量的信息。

146 督导的内容

督导是指管理者对其下属员工的工作实施以检查、监督、指导为主的一系列管理行为。督导工作内容如图 8-13 所示。

1. 仪表仪容主要指客服人员的外表，包括容貌、姿态、服饰、风度等
2. 岗位纪律专指客服人员值班期间遵守纪律的情况
3. 服务程序包括工作流程和操作规程。工作流程是指某岗位员工的全部工作内容及工作环节的先后次序。操作规程是指各种设备和器具的操作顺序与操作技术
4. 服务规范是指为规范管理客服人员，确保服务过程的质量监控，提高客户满意度所制定的各种规章制度
5. 服务标准是指运用标准化的原理和方法，通过制定和实施服务标准，达到服务质量目标化、服务行为规范化、服务过程有序化，从而实现优质服务

图8-13 督导工作内容

147 督导管理方式

督导管理的基本方式包括制度管理、标准化管理和表单管理。

1. 制度管理

制度管理就是客服经理通过工作纪律、服务程序、服务规范等强制推行的规章制度，对客服人员的服务工作进行监督检查的一种管理方式。制度是企业内部员工行为的准绳，它规定了员工在工作期间可以做什么、不可以做什么以及怎么做。

2. 标准化管理

标准化管理就是客服经理对客服部门的各项服务工作制定具体的标准，并根据这些标准对客服人员的工作进行检查、监督和指导的管理方式。

3. 表单管理

表单管理就是客服经理通过各种报表、单据所提供的信息资料进行督导检查的管理方式。

客服部门员工管理表格类型如表 8–1 所示。

表8–1 客服部门员工管理表格类型

序号	表格类别	表格使用说明
1	书面警告书	员工犯规三次，客服经理可以签发“书面警告书”给该员工，然后递交客服经理批阅后转交人力资源部门，存入员工个人档案纪律执行记录中
2	违规通知书	员工接到“书面警告书”三次，客服经理可以签发“违规通知书”给该员工，然后转交人力资源部门存入员工个人档案纪律执行记录中
3	解雇通知书	员工接到“违规通知书”三次或非常严重的犯规一次，客服经理可以签发解雇通知书给该员工，然后转交人力资源部门存入员工个人档案纪律执行记录中，并由人力资源部门经理约见违纪员工，了解情况，最后为该员工办理工资结算、交还企业物件等解雇手续
4	辞职申请书	员工根据自己的辞职原因，填写一份书面申请书交部门经理。部门经理约见员工了解情况，同意后给员工签字，连同辞职信一起递交给人力资源部门。根据辞职日期由人力资源部门为该员工办理辞职手续
5	员工评估表	客服经理每三个月根据员工的工作表现填写此表，让被评估的员工了解自己的工作表现。签发后递交人力资源部门存入个人档案，并且以此表作为员工的工资浮动、职位升降的依据
6	员工提升表	客服经理根据管理层的提议和对员工工作能力、表现的审核，签发员工提升表递交部门副总批阅。部门副总约见员工谈话，同意后递交人力资源部门存入个人档案。人力资源部门根据升职日期签发一份“员工升职书”给该部门经理

（续表）

序号	表格类别	表格使用说明
7	员工每周排班表	客服经理根据工作所需要的员工人数做一周上班、休息时间的安排，并将其整理成表张贴在员工通知栏，每月最后一天集中所有排班表做每月的考勤总表
8	员工每月考勤总表	客服经理每月第一天把上个月的员工签到记录和员工每周排班表进行集中统计、汇总，形成员工出勤报告
9	请假申请表	员工根据自己的年假、事假、病假填写请假申请表，之后递交客服经理批准；请假三天以内的由客服经理批准，请假三天以上的必须经客服经理批准后，再递交部门总监批准才生效，同时需将此表递交人力资源部门存档

第四节　营造积极的团队氛围

148　建立激励制度

心理学研究表明，人是有目的地开展行动的，如果目的不能满足期望，人就不会产生积极的行动。因此，管理者若想激发员工的工作积极性，就需要建立一套完善且合理的激励制度。

1. 建立薪酬激励的平衡模型

高薪并不能留住所有员工。

例如，一家公司中，一位具有本科学历及10年工作经验的客服经理的年薪是10万元，而一位只有2年工作经验却有硕士研究生学历的客服主管的年薪也是10万元。这样的薪酬待遇，是不可能留住有10年工作经验的客服经理的。

企业在为客服部门各个岗位制定岗位薪酬标准时，需要做好多个因素的平衡。定薪时需要平衡的基本因素和所占比例如表8-2所示。

表8-2　制定薪酬标准需平衡的因素

平衡因素	所占比例
工作难度和工作效率	50%
管理经验和技术经验	20%

（续表）

平衡因素	所占比例
学习经历和工作经验	15%
工作年限与贡献大小	15%

2．实行员工配股分红制度

配股分红是指企业根据员工的能力和所贡献的工作成果的大小，让员工持有企业的一部分股票，每年按股票比例给予员工利润分红的激励措施。这种激励措施直接将员工的个人收益与企业利益紧密地联系在一起，可以激励员工更加努力地工作。

客服部门可以依据这一激励措施制定绩效分红制度，即根据客服部门的绩效，按照员工的贡献程度给予不同比例的奖励，以此来提高员工的工作积极性。

3．关注员工情感

薪酬激励并不是一把开启员工动力的万能钥匙。客服人员选择这份工作，除了期望得到一份满意的收入，还希望得到肯定、尊重、荣誉等情感方面的满足。

因此，客服经理在激励客服人员时，可以采取一些情感激励手段来调动员工的积极性，如图 8-14 所示。

1. 在交往中要平易、谦和
2. 主动了解员工的生活状况，及时给予一定的关爱。特别是新入职的员工，更应该主动关心他，帮助其尽快熟悉环境，融入团队，减少对新环境的陌生感
3. 布置工作的时候要考虑员工的感受，询问员工的意见
4. 交代任务时给予员工相应的权力，充分相信员工的能力
5. 让各级员工参与制定决策，并积极征求各级员工的意见
6. 管理者和员工发生分歧或者矛盾的时候，要宽容体谅，不要斤斤计较
7. 欣赏每一位员工，捕捉每一位员工的闪光点，并给予适当的赞美

图8-14　情感激励手段

149　建设团队文化

在激发单个员工的工作积极性的基础上，客服经理要将积极的工作状态扩大到整个客服团队，也就是塑造团队的积极工作氛围。这就需要客服经理建设客服部门的团队文化。

部门团队文化是在企业文化的基础上建立的。企业文化的核心包括企业的愿景、使命、价值观和战略，一个客服团队的文化核心应该包含这四个方面，如表 8–3 所示。

表8–3　客服团队的文化核心

序号	团队文化核心	具体内容
1	客服愿景	愿景就是希望看到的情景，如可设定客服的愿景为：以服务缔造品牌，用服务创造价值
2	客服使命	使命是指客服人员在企业发展或自身发展中所应承担的责任或任务。例如，企业可为客服部门设立如下使命：让客服部门成为行业内最高效、最优质、最受客户信赖的团队，让员工成为最优秀的客服人员
3	客服价值观	价值观是企业及其员工的价值取向，是指企业在追求经营成功过程中所推崇的基本信念和奉行的目标。例如，企业可设立客服价值观为：以客户为中心，为客户提升价值，为企业创造价值
4	客服战略	战略是对全局的筹划和指导。例如，企业可以设定客服战略为：用个性化服务提升客户满意度，打造品牌化服务

根据表 8–3，客服经理可以设计自己的客服团队文化。团队文化如果只是印在文件上、挂在墙上，很难带来期望的效益。因此，客服经理要借助早会、培训等活动定期宣传团队文化，让每一位客服人员熟知并认同客服团队的使命和价值观，了解客服团队的愿景和战略，并且将之融入自己的工作中，从而发挥团队的作用，塑造积极的团队工作氛围。

150　重视员工想法

企业中经常出现这样的情况：刚进入企业不久的新员工常常向主管和经理请教、学习，甚至提出自己的看法。但是，试用期通过后不久，新员工就会变得和老员工一样，每天只做自己该做的事情，不再多想也不再多问。

这是为什么呢？当新员工提出自己的看法和意见时，领导通常会说："这些建议我们早就考虑到了，只是现在条件不成熟，还不能实行。"

原因就在这里，当新员工满怀信心地提出自己的建议时，没有得到肯定，而且管理者并没有说明原因，久而久之员工就容易失去信心，甘于平庸，不再思考了。

因此，客服经理要认真对待员工的建议。对有用的建议要予以采纳，对没用的建议要鼓励员工创新，而且一定要说明没有采纳的原因，肯定员工想法中的优点，指出存在的问题，帮助他更全面地思考。当然，由于员工所处的职位不可能对企业的整体有全面了解，有时提出的想法和建议会有些不切实际，那么客服经理就需要帮助他改正。在团队中，客服经理要传递给员工这样的信息：员工可以提出合理化建议，但是不可以越级上报。

此外，客服经理还需要通过一些措施鼓励员工提出自己的创新想法，具体示例如下。

（1）设立创新奖，用来奖励那些为部门提出优秀创新建议的员工。

（2）定期组织讨论活动，让员工就各自的工作提出改进建议。

（3）对员工的新想法、新建议，要实事求是地评价，既不贬低，也不夸大。

（4）一个有价值的创新成果需要经过坚持和不断试错才能出现。客服经理要让员工明白：“失败是创新的一部分。”

151　创造良好的办公环境

创造良好的办公环境时需要注意如下几个细节。

(1) 改善办公环境的空气质量。

例如，每天开窗换气不少于两次，每次不少于15分钟，使用空气净化器、加湿设备等来改变办公室的空气质量。

(2) 改变送风系统的单一方向，确保送风能达到各个空调区域。

(3) 在出风口设置气味发散装置，定时驱散室内不良气味。

(4) 随时间变化调整光亮程度，按照人体视觉来调整员工的注意力。

(5) 在保证工作效率的前提下，放在办公室的打印机、复印机、传真机越少越好。

(6) 办公室多摆放一些有净化效果的绿植，尽量做到每人一盆小绿植，每五人一盆大绿植。

(7) 员工的个人工位不要堆放无用的文件，只摆放目前正在进行的工作资料。

(8) 定期对电话、键盘进行消毒。

(9) 养成良好的办公习惯，每工作一小时休息五分钟，活动活动腰背，做做眼保健操。

另外，客服经理要时常注意员工之间的人际关系，打造客服部门团结互助、相亲相爱的工作氛围。

152 驾驭员工中的小团体

企业中可能会出现这样的情况：团队中经常会有一些小的团体，其行为习惯往往是比较一致的。既然是团体，必然会有一个领导，这个领导能够直接或者间接地影响其他成员的思想和行为。完全杜绝小团体的出现是不现实的，客服经理要做的就是重视小团体中的这个隐性领导。

（1）及时关注小团体中隐性领导的意见，小团体中的隐性领导一般是其他人员认可与拥护的，关注他的意见就能了解大多数员工的想法。

（2）将隐性领导树立为榜样，通过他给其他员工介绍经验、进行培训等。

（3）重用隐性领导，强化隐性领导的责权，对其采取适当的培养和激励方式。

（4）定期对隐性领导进行企业文化宣传和培训，增强其影响力。

这些针对隐性领导做法的目的是，用隐性领导的行为来影响整个团队的员工，让隐性领导成为客服经理的左右手。

第五节 员工压力缓解与心理调适

153 了解什么是压力

压力在心理学专业文献中又常被译为应激，是指由紧张性的刺激或事件引起的，伴随有心理和生理反应的紧张状态。通俗地讲，压力就是一个人觉得自己无法应对环境要求时产生的负面感受和消极信念。在这一过程中，人会产生紧张、焦虑、烦躁、恐惧、激动、发脾气等强烈的情绪体验。

154 客服人员压力不舒缓的后果

客服中心管理人员及一线服务人员的压力如果不能得到及时缓解，将会直接导致图 8-15 所示的问题，如此一来，企业不仅要耗费时间招聘和培训新员工，同时也会对服务信誉带来很大的影响。

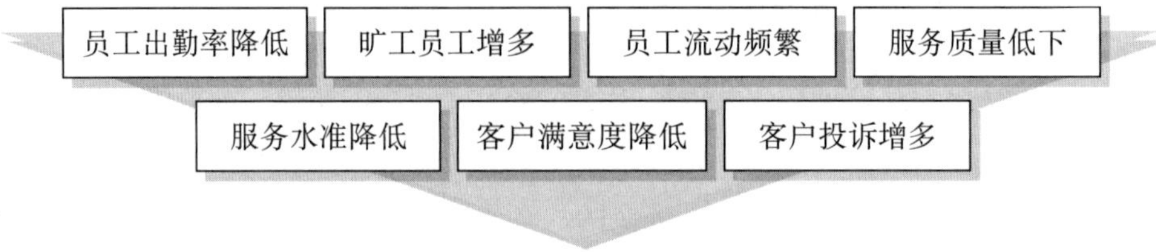

图8-15　客服人员压力不舒缓的后果

155　客服人员的压力来源

客服人员面临的压力主要有图 8-16 所示的几个方面。

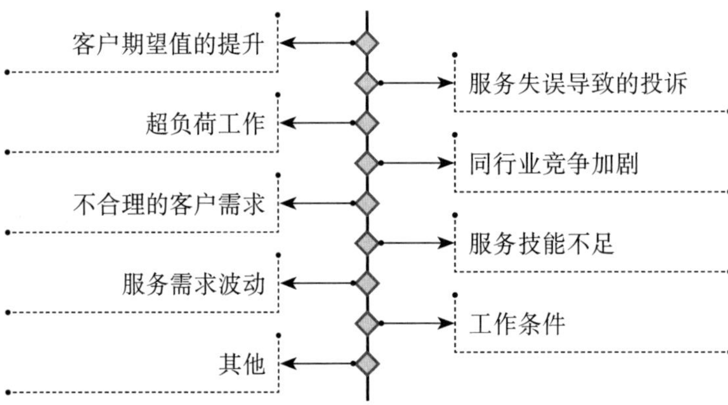

图8-16　客服人员的压力来源

1. 客户期望值的提升

客服人员的压力来源之一就是客户期望值提升。通常企业的服务水平提升了，产品、服务的价格却随着行业竞争的加剧而不断下降。客户得到的越来越多，但客户的满意度却没有提升，反而在下降。有人形容“现在的客户就像被惯坏的孩子”。客户为什么变成这样了？不论为什么，究其原因在于客户对服务的期望值越来越高，客户的自我保护意识也在不断加强。当然，客户期望值提高是与行业竞争的激烈加剧分不开的。客户每天都被优质服务包围，客户自然对服务的要求越来越高了。

2. 服务失误导致的投诉

在客户投诉的处理上，客服人员可以通过一些技巧很好地化解其抱怨。但是，有些投诉是非常难解决的，服务失误导致的投诉就属于这一类。因服务失误而给客户带来的损失是无法解决的，这时，客服人员就只能向客户道歉。但是，并不是所有的客户都会接受致歉。因此，要有效处理因为服务失误而导致的投诉给客服人员造成的巨大压力。

3. 超负荷工作

超负荷工作是客服人员的压力来源之一。客户需求的变动会给客服人员带来超负荷工作的压力。需求的变动使企业很难按照客户的需求来安排自己的服务，所以如何调整心态、提升解决难题的能力，以更好地在超负荷的压力下提供好的服务，是客服人员面临的又一项挑战。

4. 同行业竞争加剧

同行业竞争加剧是客服人员的压力源之一。几乎所有的行业都面临激烈的竞争。竞争导致的结果就是要做得越来越好，越来越优质，所以企业对客户服务重视程度的要求也越来越高，相应地客服人员的工作压力也在不断增大。

5. 不合理的客户需求

不合理的客户需求在无形中给客服人员增加了压力。企业的政策不允许那么做，客户却偏要求那么做，满足了客户，就违反了企业的规定，遵守了企业的规定，又得罪了客户。因此，如何在遵守企业规定的前提下，让客户满意，就成了客服人员的压力。

6. 服务技能不足

毫无疑问，服务技能不足会导致客服人员压力倍增。客户服务工作看似简单，实际上却并非如此，尤其是处理非常棘手的客户问题的时候，会让人有焦头烂额的感受。服务技能不熟练会使客服人员很难从工作中得到满足感，却常常有失望、沮丧感，这自然会给客服人员带来很大的心理压力。

7. 服务需求波动

几乎所有的行业都有服务高峰期，当高峰期出现的时候，由于要服务的人数众多，客服人员的体力、心力、智力都有限，服务热情就很难维持。但客户要求在高峰期的时候同样能享受到优质的服务，如果享受不到，他们就会表示不满，向客服人员施压甚至投诉。

8. 工作条件

工作条件包括工作复杂程度、超负荷工作、不安全物理条件和倒班工作等，这些也导致客服人员产生工作压力。

（1）工作复杂程度。

工作复杂程度是指需要完成工作的固有难度，如客服人员进行电话营销的时候，可能营销的产品还没有被广泛接受，所以很难使客户通过一个简单的电话来接受某个产品或某项服务。

（2）不安全物理条件。

比如说客服人员的工作环境中计算机太多，辐射很大，而且如果空气流通不够好的话，身体容易疲劳，从而给自己带来压力。

（3）超负荷工作。

超负荷工作是指完成工作所要求的体力和智力需求超出了客服人员的能力，如一天 8 小时要求客服人员打出 1 000 个电话，超出了客服人员的体力和能力，那自然是很有压力的。

（4）倒班。

倒班在客服工作中很常见，由于倒班需要客服人员改变作息规律，在正常工作的时间段必须休息，而在正常休息的时间段必须工作。这样的改变会对睡眠产生干扰，导致生物钟紊乱。有研究表明，一般人都可以适应倒班工作，但是不同的人的适应期完全不同。较快的适应者适应期大约为一个星期，而较慢的则需三个星期，有些人则根本不能适应。

9．其他

造成客服人员压力的因素，除了以上几点外，还包括自身方面的因素。

下面提供一份压力来源诊断表的范本，仅供参考。客服经理可通过这个表格来发现员工的压力所在，以便有针对性地帮助员工舒缓压力。

【经典范本 07】压力来源诊断表

压力来源诊断表

1. 与工作有关的压力	（ ）精简、下岗，权力受到削减，被解雇
（ ）同领导关系不佳	（ ）被要求有更多的成果
（ ）工作负荷过重或过轻	（ ）没有足够的工作空间和必要的设备
（ ）时间压力、最后期限、工作节奏过快	（ ）会议过多
（ ）不知所措（例如，不清楚我该做什么，别人期望我做什么）	（ ）噪声令人心烦意乱
（ ）在理想、价值观、道德观、个性方面有冲突产生，对企业的未来或自己的前途感到渺茫	（ ）个人的工作表现较差
（ ）对自己的工作缺乏反馈	（ ）信息来不及处理
（ ）缺乏支持	（ ）新的工作任务
（ ）与别人交流过少	（ ）预算削减
（ ）缺乏成就感，没有做出有意义的贡献	（ ）经常往返于两地
	（ ）别人完成的工作质量差
	（ ）竞争越来越激烈
	（ ）产品被退货

（续表）

<table>
<tr>
<td>（　　）相关法规的限制
（　　）变动
（　　）合并、兼并，财产和权力被剥夺，企业重组
（　　）人员不足
（　　）政治斗争，官僚主义
（　　）企业雇员不胜任或缺乏干劲
（　　）业务增长过快或减少
（　　）过分强调工作数量和速度
2. 与家庭有关的压力来源
（　　）与家人不和
（　　）与家人沟通有困难
（　　）与家人在一起的时间较少
（　　）家人身体不好
（　　）婚姻问题
（　　）家人在社会或学校中遇到问题
（　　）家人死亡</td>
<td>（　　）搬家
（　　）财务问题
3. 个人的压力来源
（　　）自尊心过低
（　　）消极的想法（悲观、冷言冷语、无望、冷淡）
（　　）抗挫折能力差
（　　）不能控制自己的情绪（感情外露，发脾气，不能恰当地表达情绪）
（　　）竞争过激
（　　）以完美主义者自居
（　　）健康问题
（　　）不清楚自身价值，目标与计划过多
（　　）与他人交流有困难
（　　）做工作缺乏恒心
（　　）缺乏合理分配时间的技巧
（　　）让“琐事”缠身</td>
</tr>
</table>

156　客服人员有压力的表现

为了能有效缓解员工的压力，客服经理需要了解员工在生理、情绪、行为、精神及心理方面出现的症状，如图 8-17 所示。

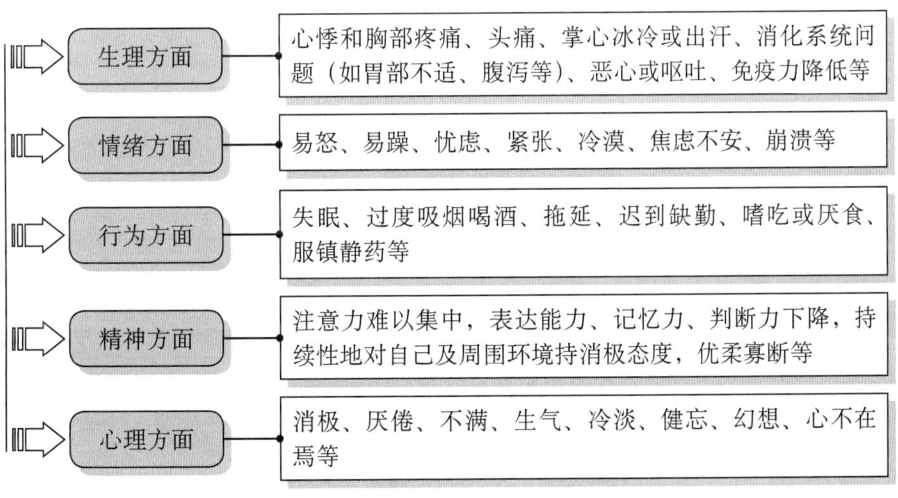

图8-17　客服人员有压力的表现

157　舒缓压力的方法

客服经理可采取下列方法来帮助员工舒缓情绪，排解累积的压力。

1. 面对现实

每个人都有自己的理想和抱负，然而现实生活是极其复杂的。很多人的理想和抱负并没有建立在实际的、力所能及的基础上。人们之所以在工作、生活中遇到挫折，往往是因为自我的理想和抱负难以实现，因而自卑失望，甚至终日忧郁。有些人是“完美主义者”，希望任何事都十全十美，但世界上的一切事情都不可能尽善尽美。因此，客服人员应该调整自己的抱负和理想，客观地评价自己，在积极向上努力进取的同时，拥有一颗坦然面对成功与失败的平常心。另外，每个人都有各自的性情、品格和所长所短，别人不可能完全满足你的要求，也不可能去迎合你的意愿，就像你自己也未必去满足别人、完全符合别人的要求一样。对别人的要求越高又达不到时，自己的不满情绪会越大；如果对别人的要求放低的话，那么别人稍微符合你的愿望，你就很容易得到满足。

2. 宣泄法

宣泄法是一种通过向人宣泄内心的郁闷、愤怒和悲痛，将内心的压力排泄出去，以促使身心免受打击和破坏的方法，这一方法的运用有助于减轻或消除心理压力，避免引起精神崩溃，恢复心理平衡。

宣泄法的应用如图 8−18 所示。

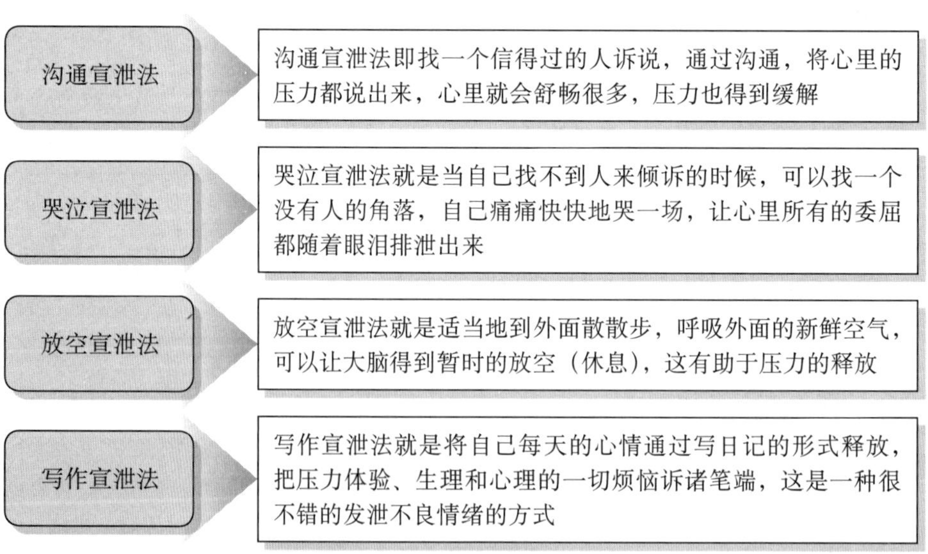

图8-18　宣泄法的应用

呐喊宣泄法	呐喊宣泄法即一个人爬到没有人的山顶对着大山大声地呼喊，将自己心里所有的不愉快和压力都随着呐喊声宣泄出来，使自己的压力得到缓解
暴力宣泄法	暴力宣泄法即到一些运动场所打打沙袋等将压力宣泄出来，这不但可以锻炼身体，还可以让压力得到暂时的缓解

图8-18　宣泄法的应用（续）

3. 注意力转移

注意力转移是指有目的地、及时地将注意力从一个对象转移到另一个对象。这一方法的原理是通过转移人的注意力到另一对象，在人的大脑皮层产生一个新的兴奋中心，通过相互诱导，抵消或冲淡原来的优势兴奋中心（即原来的不良情绪中心）。例如，当你与人发生争吵时，马上离开这个争吵的环境，去打球或看电视；当你悲伤、忧愁情绪袭来时，先避开某种对象，不去想，就可以暂时消忧解愁；当你在余怒未消时，可以通过运动、娱乐、散步等活动，使紧张的情绪松弛下来；当你这样有意识地转移话题或做别的事情来分散注意力时，不良情绪将得到缓解。

另外，当你面对困境、情绪懊丧时，你不妨从相反的方向来思考问题，这就会使得你的心理和情绪往良性方面发展，得出完全相反的结论，从而从不良情绪中解脱出来。

从前，有个老太太整天愁眉苦脸：天不下雨，她就挂念卖雨伞的大儿子没生意做；天下雨了，她又忧心开染房的二儿子不能晒布。后来，有个邻居对她说："你怎么就不反过来想想呢？如果下雨了，大儿子的生意一定好；如果不下雨，二儿子就可晒布。"老太太一听恍然大悟，从此不再愁眉不展。

这个故事就是对反向心理的极好诠释。

158　进行有效的压力管理

客服经理应如何进行有效的压力管理呢？具体措施如图 8-19 所示。

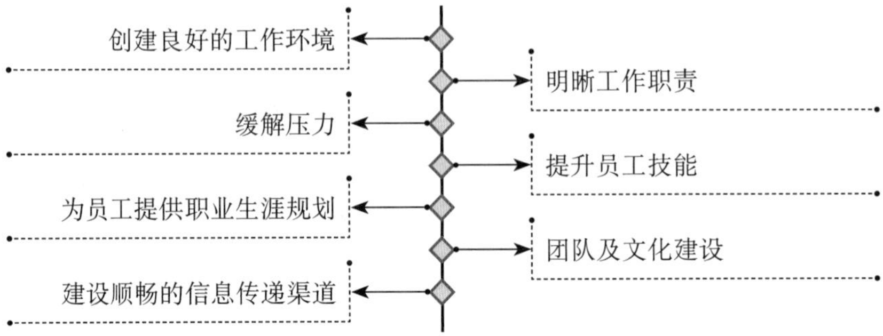

图8-19　进行有效的压力管理的措施

1. 创建良好的工作环境

客服经理可以在办公区域摆放一些绿色植物，配备舒适的座椅，以及宽敞的休息室、会议室，并且及时维修或置换有故障的办公设备，如耳麦、计算机、键盘、鼠标等。

2. 明晰工作职责

客服经理可以通过对本部门各岗位的工作分析，制定明晰的工作说明书，确定各个岗位员工的工作职责和权力，避免由于职责不清引发组织内的冲突。

3. 缓解压力

客服经理可以建议企业完善绩效管理制度、工作流程，并及时为员工提供相应的培训、指导和反馈；通过压力管理的培训提高全体员工对压力管理的认识，使其掌握一定的压力管理技巧。另外，企业还应当为员工提供适当的运动设施并提供定期体检服务，提高员工的整体健康水平。

4. 提升员工技能

客服经理通过开展有针对性的培训，提升管理人员及一线员工对角色的认知，掌握时间管理、有效沟通、团队建设、员工激励、授权、辅导等多方面的技能。

5. 为员工提供职业生涯规划

客服经理可以协助员工进行职业生涯规划，帮助员工客观地认识自己，抛弃不切实际的期望值太高的目标，使员工定位在最合适的位置上，处于一个最佳的平衡状态，既不会因为定位过高而面临过度压力，也不会因为定位过低而无动力。

6. 团队及文化建设

客服经理可以通过团队及文化建设，如开展更多的集体活动、聚会及文体活动的组织等，有效地提高员工的凝聚力，并且创造一种轻松上进的工作氛围，使员工在努力实现自我目标的同时，有力地促进组织目标的实现。

7. 建设顺畅的信息传递渠道

客服经理可以通过定期与员工沟通或设立意见箱等方式加强与员工的交流沟通，及时了解员工的心声，将一些问题消灭于萌芽之中。

159　降低消极心态的影响

1. 关于心态的解析

心态就是内心的想法，是一种思维习惯的状态。心态不同，观察和感知事物的侧重点不同，对信息的选择就不同。

例如，杯子里有半杯水，有人会说它是半满的，而有人则会说它是半空的。

人的心态有两种：积极和消极。这两种心态在人的心里都存在，哪种心态占上风，哪种心态就更大程度地影响着这个人的思想和行为。

2. 积极心态的作用

（1）有助于提升工作热情与自豪感。因为有积极心态的人可以通过积极的态度与方式来征服别人难以征服的客户。

（2）有助于自我素质与修养的提升。经验积累得越多、越丰富，回报率自然就会越高。

（3）有助于人际关系与沟通能力的提升。有积极心态的人通过结交不同类型的人，其见识、胆识与才识自然就会增加，沟通与交流能力就会越来越强，处理人际关系的能力也会越来越强。

（4）积极心态的人往往对客户持有真诚态度，而这能引发其工作的责任感和优质服务的使命感。

3. 消极心态的表现

客服人员所表现的消极心态如下。

（1）面对客户时缺乏信心，处理客户投诉时非常紧张，面对客户的咨询时有麻木、漠不关心等负面心理。

（2）在工作方面感到疲惫、无归属感，对自己未来的发展方向茫然。

4. 消极心态的产生原因

（1）客服人员在工作中缺少对消费者内心感受的关注，对客户的心态把握不准，不善于控制他人和自己的情绪，欠缺沟通技巧，甚至将一句有利于别人的话说得令人不舒服，普遍不具备对冲突的协调与处理以及危机公关的能力。

（2）来自企业与客户的双重压力，使客服人员感觉身心疲惫，觉得自己是两头受气，客服人员对工作的低满意度，使他们在为客户提供服务时表现出冷漠、缺乏耐心甚至是对抗等消极的服务态度。

5. 消极心态造成的负面影响

消极的心态会造成服务效率与服务质量低下，消极的服务会促使本来对产品不满意的客户负面情绪高涨，加深了他们对企业的反感与失望，从而引发客户更强的不合作态度，有可能使一个小的问题上升到大的冲突，处理不当就会给企业带来很大的经济损失和形象上的负面影响，最终影响企业的品牌形象和销量。

6. 消极心态的解决办法

（1）企业应对售后工作加以重视。例如，提高客服人员的福利待遇，制定更合理的薪酬体制、更有效的绩效激励机制。

（2）为客服人员提供更多的发展机会，提供个人职业规划的上升通道，如向销售岗位转变甚至向企业中高层管理岗位转变。

（3）协助解决难题。客服人员遇到难题时，上级应提供必要的工作支持或组织专题会议讨论交流，使他们明白不是自己一个人在承受压力，而是大家都支持他们。

（4）制定合理的售后政策，提升团队协作处理问题的能力，提供更好的资源保障，使客服人员能准确、及时、高效地完成工作，获得成就感。

（5）对客服部门进行周期性、有针对性的专业培训与辅导，帮助客服人员提高服务技能，端正服务态度。

（6）经常组织客服部门与其他部门的座谈会，促进各部门之间信息与情感的交流，创建相互理解、相互支持的和谐工作氛围。

（7）组织多种多样的户外活动，释放客服人员的工作压力。

第九章　客户分类管理

导读 >>>

客户是企业生存和发展的动力源泉，是企业的重要资源，企业应对客户进行科学有效的管理，以追求收益最大化。对不同类别的客户，企业应采取不同的管理方法和应对技巧。

Q 女士：“客户细分是什么意思呢？”

A 经理：“客户细分是 20 世纪 50 年代中期由美国学者温德尔·史密斯提出的一种将客户分类的方法，其理论依据主要有两点：客户特征与客户反映。

Q 女士：“那对我们电商企业来说，有必要对客户进行细分管理吗？”

A 经理：“非常有必要。我们可以根据客户的性格、购买行为、网购年龄的不同对客户群进行细分，以便采取相应的应对措施、制定相应的营销策略，将有限的资源提供给目标客户集中使用。”

第一节　按照客户性格分类

160　沉默型客户

1. 客户性格特点

沉默型客户不爱说话，沟通半天才回应一句，不会直接说明自己的需求或者表达不清晰，与之沟通很不顺畅。他们对优惠也没有太大兴趣，这类客户一般需要沟通很久才能促成订单。

2. 客服人员应对技巧

对于这一类型的客户，客服人员要有耐心，采用“一问一答式”销售技巧，有目的地主动咨询，以了解其需求，进而有针对性地推荐产品。对于这类客户，客服人员不能催也不能急，只能慢慢引导。

161　唠叨型客户

1. 客户性格特点

唠叨型客户爱说，什么话题都可以聊，但无重点。

2. 客服人员应对技巧

对于这类客户，客服人员先不要打断他，应从他的表述中找到突破点，将话题引导到产品上来，在他对产品发表意见的同时，抓住机会推荐产品，切记不能让客户脱离我们销售的主题。

162　和气型客户

1. 客户性格特点

和气型客户通常谦和有礼，聊天很客气。他们能很专心并且表现出浓厚的兴趣听你解说产品。因为他们永远觉得你懂得比他多。

2. 客服人员应对技巧

与这类客户聊天时，客服人员要热情、有礼貌，推荐产品时要体现专业性，让客户认为你是在为他着想。这类客户很容易和你成为朋友并为你介绍更多客户。

163 骄傲型客户

1. 客户性格特点

骄傲型客户喜欢自夸自赞，他们总觉得自己高人一等，自视甚高，好像别人都比不上他。

2. 客服人员应对技巧

这类客户喜欢你夸他，吹捧他。在沟通时客服人员要附和他言谈中的理论，千万不能和他起冲突，要让他觉得你是真心推崇他的。他的自尊心一旦得到满足，成交的可能性就相对提高了。

164 刁钻型客户

1. 客户性格特点

刁钻型客户爱挑剔，你所有辛苦准备的产品目录、解说资料、市场调查，在他面前全然不具有任何意义。这类客户很少赞同你的意见，甚至不断地出言反驳，这时你可能会有无力感，可能会沉不住气。

2. 客服人员应对技巧

对于这类客户，客服人员要包容他的一切，以静制动。偶尔，客服人员可以委婉地说一些幽默的话语，用幽默的言语取代正面的冲突，他会因此对你产生好感。只要你能容忍他挑剔的言论，让他得到满足感，促成订单的可能性会大大提升。

165 吹毛求疵型客户

1. 客户性格特点

吹毛求疵型客户事事追求完美，容不得一点瑕疵。他总会试图找到产品的缺陷。

2. 客服人员应对技巧

对于这类客户，客服人员应采用客套的寒暄语。如果客服人员想要反驳这类客户的指责，就需要对自己的产品非常了解。客服人员反驳时需要客气地夸赞客户很细心，并赞同他对产品的评价，然后再把产品的卖点介绍给客户，以退为进。当你满足了这类客户的虚荣心时，他就会听你介绍产品，成交的时机也就成熟了。

166　暴躁型客户

1. 客户性格特点

暴躁型客户最没耐心，根本不想听任何解释。他们不按常理出牌，即使是第一次和你沟通，只要他有一点点不满意，就会直接表达出他的情绪。

2. 客服人员应对技巧

对于这一类型的客户，客服人员要极其具备耐心，不要反驳他，不要和他争辩对错。你可以关心地询问他，是什么原因导致他这么生气。听完他的诉说，你可以给他一些合理的建议，这时他的不良情绪基本得到了缓解，而且还得到你的关心，他反而会感到很抱歉，于是会听你介绍产品。

第二节　按客户购买行为分类

167　理智型客户

1. 客户性格特点

理智型客户原则性强、购买速度快、付款速度快。这类客户一般受教育程度比较高，买东西有原则、有规律。他们通常很负责任，所以购物比较理智。他们一般最关心产品本身的优缺点，同时本着对卖家负责的态度及时确认付款，有的客户还会针对产品做出好评和简短描述。

2. 客服人员应对技巧

对于这类客户，客服人员要打动他们的心，要给予他们想要的东西。面对理智型客户，客服人员一定要做到理性推荐，这类客户在购买前心中已有定论，只需要客服人员分析产品的优缺点以帮助其做出购买的决策。如果客服人员强行推荐产品反而容易引起他们的反感，最终失去成交的机会。对于这类客户，客服人员需要采用问答的方式了解客户的需求点，然后用自己的专业知识为客户推荐产品。

168　贪婪型客户

1. 客户性格特点

贪婪型客户砍价幅度大、挑剔，稍不满意就以差评、投诉要挟卖家赔偿。

2. 客服人员应对技巧

对于这类客户，客服人员应该“先小人后君子”。对其提出的要求，如果卖家的服务可能达不到预期效果，卖家最好不要与其交易，因为出现意外后，解决纠纷所产生的人力成本和时间成本会大于收益。如果一定要与其交易，客服人员要保留好与客户的聊天记录、聊天图片、发货记录等证据，还要注意聊天时的语言表述，不可以让他有空子可钻。

169　冲动型客户

1. 客户性格特点

冲动型客户不看效果只看广告，看中了就买。很多时候，冲动型客户不会“货比三家”，也不会“讨价还价”，只要看着产品性能不错、价格合适，就会直接下单购买。

2. 客服人员应对技巧

这类客户一般都是被广告吸引来的，客服人员推荐时主要强调产品的优点、企业的实力及售后保证。另外，针对这类客户，客服人员适合推荐新产品。

170　舆论型客户

1. 客户性格特点

舆论型客户容易跟风，易受外界因素影响。

2. 客服人员应对技巧

针对这类客户，客服人员要尽量展示产品的功能，将其他客户的好评和老客户的反馈呈现给客户，以促使客户做出购买决策。

171　VIP型客户

1. 客户性格特点

VIP 型客户的特点是“花一分钱我就是上帝”。这类客户一般很自大，通常认为自己最重要，认为自己的看法都是正确的，目中无人。

2. 客服人员应对技巧

对于这类客户，客服人员需要尽量顺从其意见。客户自称“内行”，客服人员要沉住气，尽量对其看法表示赞同，并且可以特别地给予他一些优待，如赠送礼品并告诉他其他客户是没有的，让他充分得到被重视的满足感。

另外，这类客户稍有不满意，就让客服人员找老板来谈，让店家必须满足他的要求。这时最有效的办法就是“绵里藏针”，一方面给予安抚，另一方面在适当让步的同时坚持原则。

172　谨慎型客户

1. 客户性格特点

谨慎型客户的特点是凡事必想：“可靠吗？”

2. 客服人员应对技巧

这类客户一般刚开始购物时都很紧张，担心很多问题，尤其怕被骗。电商客服人员在接待这类客户时，要多利用表情符号和热情的话语，让客户感觉很轻松，从而降低防备，然后客服人员再中肯地介绍自己的产品，不要夸大其词，否则容易适得其反。

173　感情型客户

1. 客户性格特点

这类客户是最忠诚的客户。

2. 客服人员应对技巧

感情型客户看重感情，为其服务的客服人员可以发挥个人魅力，以热情、诚挚、细心和耐心的态度来服务此类客户，并时不时加以关心。这是很容易与之建立友情的客户，一旦建立就不易流失。

174　随意型客户

1. 客户性格特点

随意型客户缺乏购物经验，没有主见，喜欢别人的指导，尤其是客服人员的帮助。他们乐于听取客服人员的介绍和建议，一般对产品不做过多的挑剔，很少亲自检验和查证产品的质量。

2. 客服人员应对技巧

客服人员应主动了解客户需求，适时地提出中肯的意见，帮助客户做决定。

第三节　按客户网购年龄分类

175　新手客户

1. 客户性格特点

新手客户不熟悉购物流程，对网络购物有很多的疑问，除了会咨询关于购物和产品的信息，还会和你聊许多与产品无关的事。

2. 客服人员应对技巧

对待这类客户，客服人员一定要有耐心，要以专业态度正确引导客户购买。新手客户如果觉得客服人员的服务好，就可能对你的店铺有“初恋”的感觉，成为忠诚客户。

176　“半瓶子”客户

1. 客户性格特点

“半瓶子”客户的特点是有一定的网络购物经验，对购物规则也有一定的了解，买东西会货比三家，可能还会砍价，一般要经过几次的对比和周旋后才会下单。

2. 客服人员应对技巧

面对这类客户，客服人员需要具备超强的耐心和毅力，可以暗示客户在价格方面店铺无法优惠了，然后强调产品的正品保证和售后服务，间接地告诉客户“如果想买便宜的那就找其他家”。不过这类客户一般是不会轻易换的，因为他是经过多次比较后进店咨询的。如果客服人员可以服务好这类客户，其会为你介绍更多客户。

177　老练客户

1. 客户性格特点

老练客户的特点是熟悉网络购物流程，自己能快速了解产品，且很快下单付款，客服人员不在线就可以自行下单。

2. 客服人员应对技巧

这类客户是所有客服人员都喜欢的。针对这类客户，客服人员只要热情地提供服务，及时地回复客户的问题，引导客户下单，认真核对客户的订单信息和收件人信息就可以了。

第十章　服务流程管理

导读 >>>

企业通过实施流程管理，能让所有的员工理解企业相关事务工作分别由谁做、怎么做以及如何做好。由于职责清晰、责任分明，流程管理将大大提高企业的市场反应能力和竞争能力。

Q 女士：“A 经理，服务流程管理有什么意义？”

A 经理：“电商客户服务覆盖售前、售中、售后各个环节，与传统行业不同，电商客户服务多数是在不与客户直接面对面接触的情况下进行的，服务难度和复杂程度比传统行业要高，而客户服务又直接决定着电商企业的发展，因此我们要更加重视客户服务的重要性和流程的规范性。”

Q 女士：“原来是这样啊！”

A 经理：“流程管理还可以让管理者了解实际工作活动内容，删除工作过程中多余的环节、合并同类活动，使工作流程更为经济、合理和简便，从而提高工作效率。”

第一节 设计服务流程

178 设计客服工作流程

客服经理在设计客服工作流程时，需要考虑以下六个方面的问题。

（1）此项客服工作的具体工作内容是什么？

（2）此项客服工作安排谁来做？

（3）此项客服工作什么时间开始？

（4）此项客服工作在什么地方展开？

（5）此项客服工作如何展开？

（6）此项客服工作的处理时限如何设定？

客服经理可以在以上问题的基础上合理、充分地考虑每一个细节，从而更加准确地确定该项客服流程的标准操作程序（Standard Operating Procedure，SOP）。

179 分析客服工作标准

在流程分解和设计的基础上，客服经理还需要对客服的工作标准进行分析。客服经理应认真观察客服人员的工作，将客服人员的作业顺序、工作方法和服务效果联系起来一同分析，找出其中的优势和劣势，并加以改善，从而形成最佳的工作标准。

客服经理进行分析时，可以采用现场观察法，也可以将客服人员的工作行为用影像记录下来作为依据进行研究。

180 绘制图文并茂的SOP

在设计 SOP 之前，客服经理需要明确以下几项原则。

（1）以客户为导向，尽最大努力满足客户的需求。

（2）以业务流程为中心，将客服工作模式从以任务为中心转变为以流程为中心；通过将每一项独立的任务进行串联，形成任务之间互相关联的细节化流程。

(3) 加强团队之间的合作。

在设计 SOP 时，客服经理可采用以下几种方法。

(1) 利用作业流程图使客服工作的步骤明确化。

(2) 利用影像记录客服工作的每个环节，通过编辑排版，制作一套标准作业流程。

(3) 对客服工作的每个阶段和关键点进行文字说明，并进行培训，量化各项工作标准，明确相关细节要求。

第二节　售前服务流程

181　售前客服工作内容

售前客服工作一般包括图 10-1 所示的内容。

图10-1　售前客服工作内容

182　赠品申请流程

赠品申请流程如图 10-2 所示。

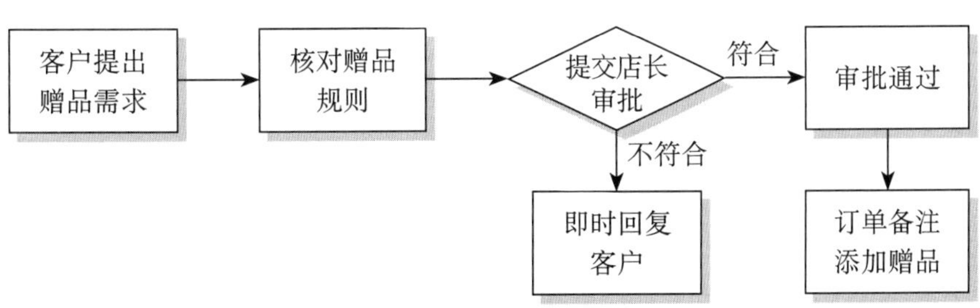

图10-2　赠品申请流程

赠品申请流程有以下三点注意事项。

（1）如果客户订单不符合赠品条件，且客户因无赠品而动摇时，客服人员可将客户需求提交给店长审批。

（2）审批者一般为店长，还可能包括客服主管、客服经理、财务经理、运营总监等。

（3）如果审批未通过，需及时告知客户，并求得客户谅解。

183　包邮申请流程

包邮申请流程如图 10-3 所示。

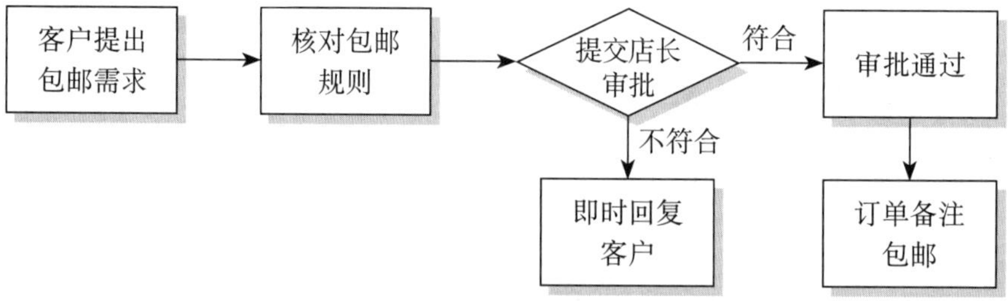

图10-3　包邮申请流程

包邮申请流程有以下两点注意事项。

（1）如果客户订单不符合包邮条件，原则上客服人员需及时回复客户，并求得客户谅解。

（2）包邮申请与赠品申请审批者相同。

184　大宗交易申请流程

大宗交易申请流程如图 10-4 所示。

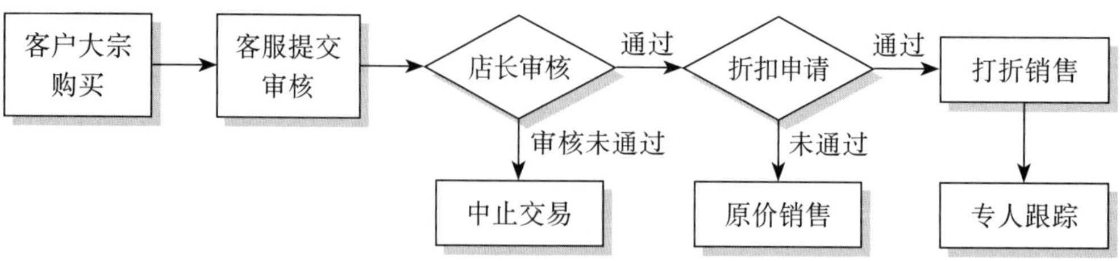

图10-4　大宗交易申请流程

大宗交易申请流程有以下四点注意事项。

（1）大宗交易申请流程一般由大宗交易专员负责。

（2）审核者除店长外，还有法务专员。

（3）辨别客户真实意图，防止受骗。

（4）交易全程一定要由专人跟踪。

185 提供发票流程

提供发票流程如图 10–5 所示。

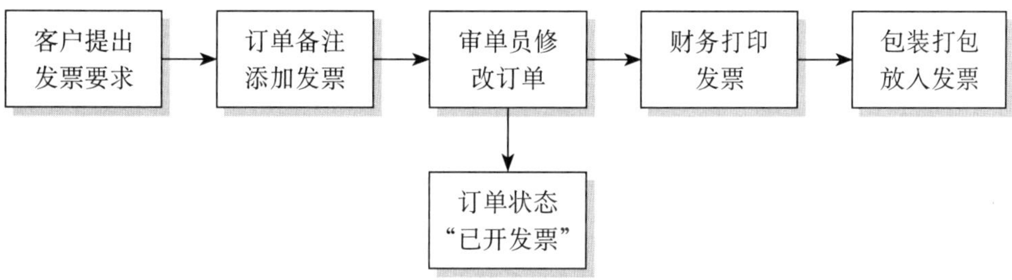

图10–5 提供发票流程

提供发票流程有以下三点注意事项。

（1）发票的存放要规范，客服人员需告知客户发票的放置位置，并用明显的标识物存放发票。

（2）当客户确认收货后，客服人员要主动与客户沟通，确认发票是否收到。

（3）发票上的有关信息要及时流转。

186 咨询服务流程

咨询服务流程如图 10–6 所示。

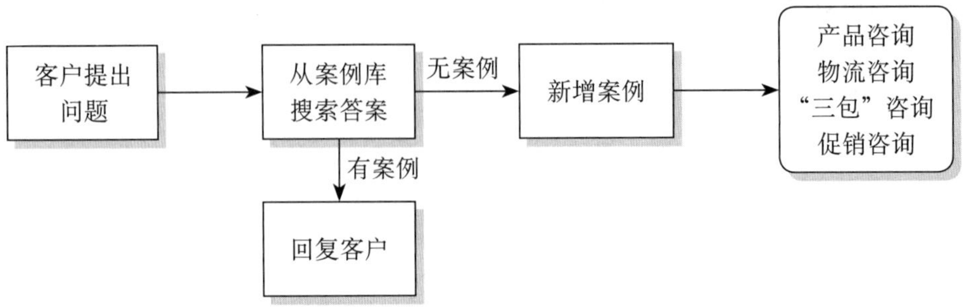

图10-6 咨询服务流程

咨询服务流程有以下四点注意事项。

（1）产品咨询包括产品质量、性能、价格、使用、评测、体验及与同类产品比较等内容。

（2）物流咨询包括快递公司电话、查件网址、配送区域、配送周期、配送价格、配送保险等内容。

（3）"三包"咨询包括"三包"标准、"三包"费用、"三包"处理流程、"三包"周期等内容。

（4）促销咨询包括促销商品、促销规则、促销时间、客户要求等内容。

187 推荐营销流程

推荐营销流程如图 10−7 所示。

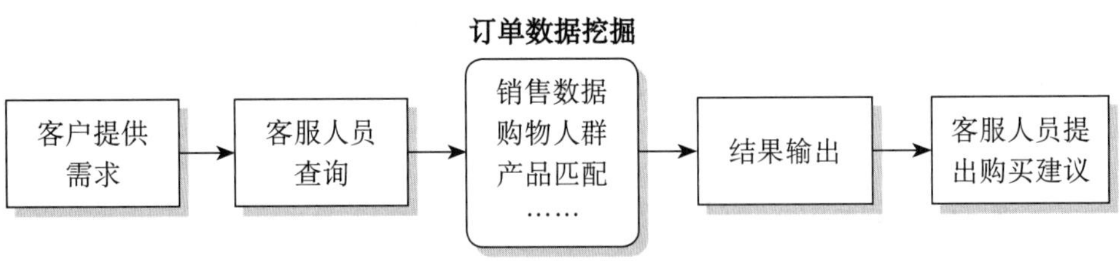

图10-7 推荐营销流程

推荐营销流程有以下三点注意事项。

（1）推荐营销流程的核心是销售数据分析、客户行为分析和销售统计报表。

（2）推荐营销流程的主要工具是数据仓库和数据挖掘工具。

（3）推荐营销流程的重点是分析客户购物意向，预测未来销售数据。

第三节　售中服务流程

188　售中服务工作内容

售中服务工作一般包括图 10-8 所示的内容。

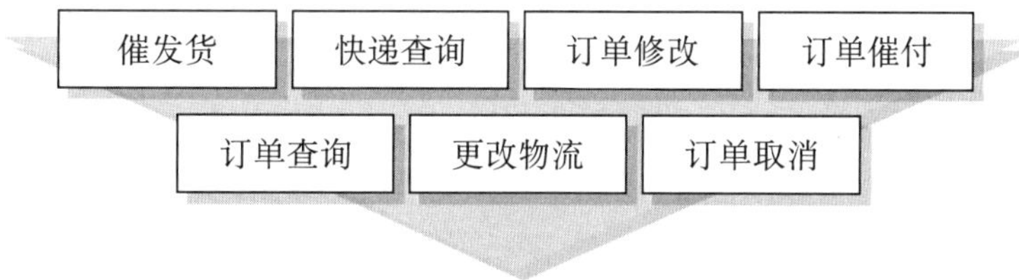

图10-8　售中服务工作内容

189　催发货流程

催发货流程如图 10-9 所示。

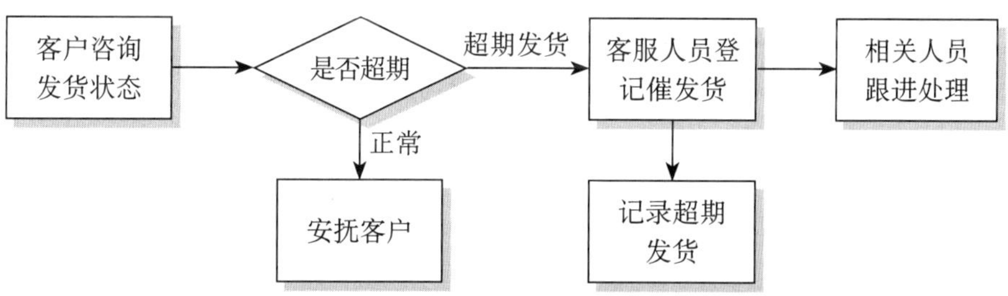

图10-9　催发货流程

190　快递查询流程

快递查询流程如图 10-10 所示。

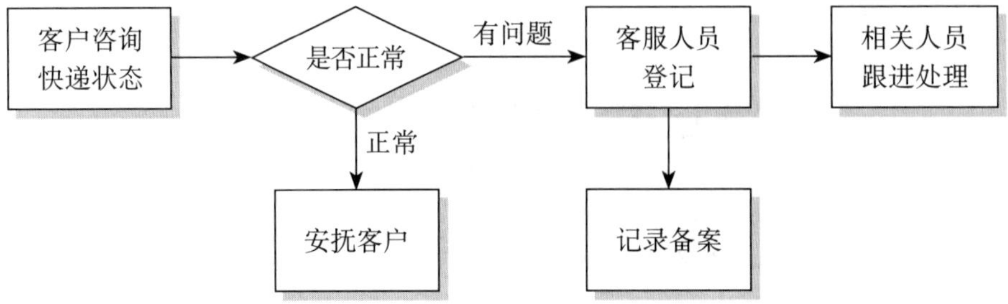

图10-10　快递查询流程

191　订单修改流程

订单修改流程如图 10-11 所示。

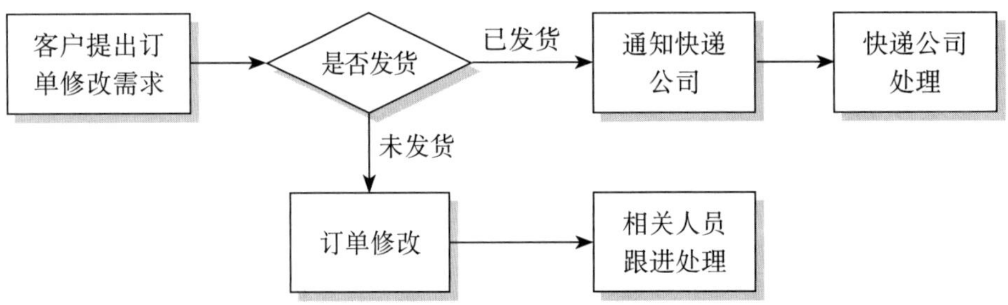

图10-11　订单修改流程

192　订单催付流程

以淘宝平台为例，订单催付流程如图 10-12 所示。

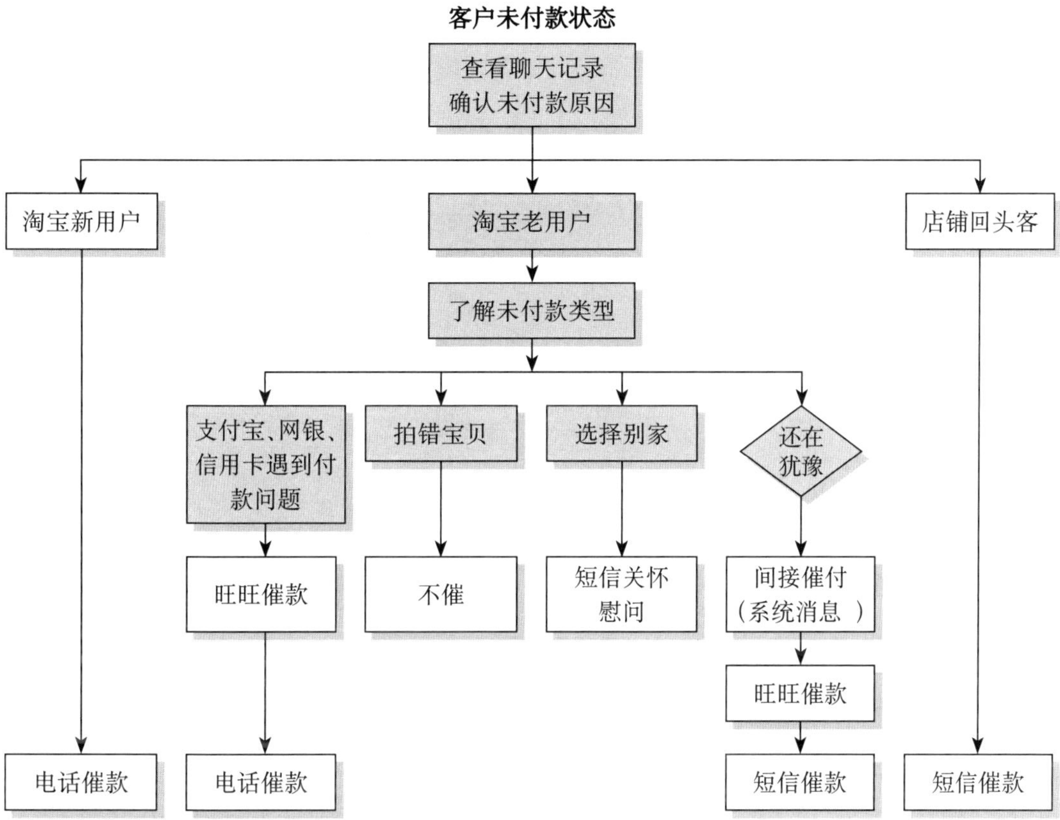

图10-12 订单催付流程

193 订单查询流程

订单查询流程如图 10-13 所示。

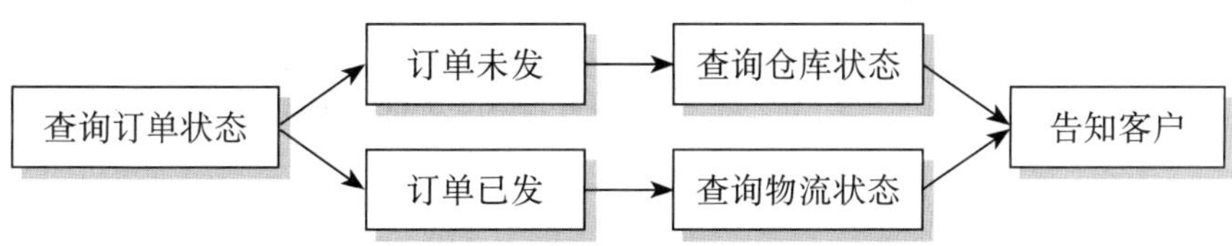

图10-13 订单查询流程

194　更改物流流程

更改物流流程如图 10–14 所示。

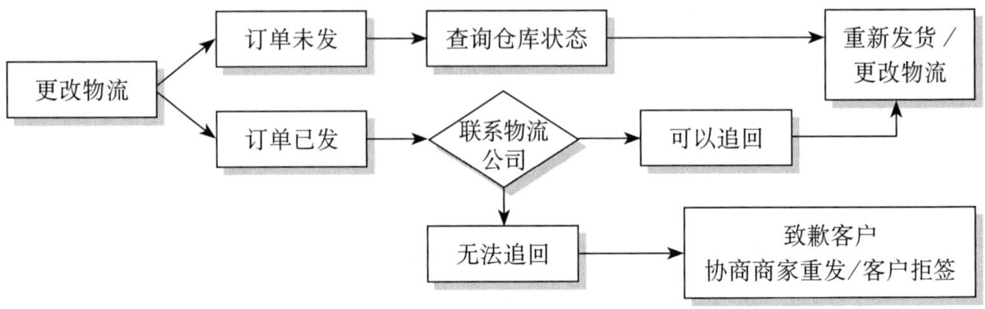

图10–14　更改物流流程

195　订单取消流程

订单取消流程如图 10–15 所示。

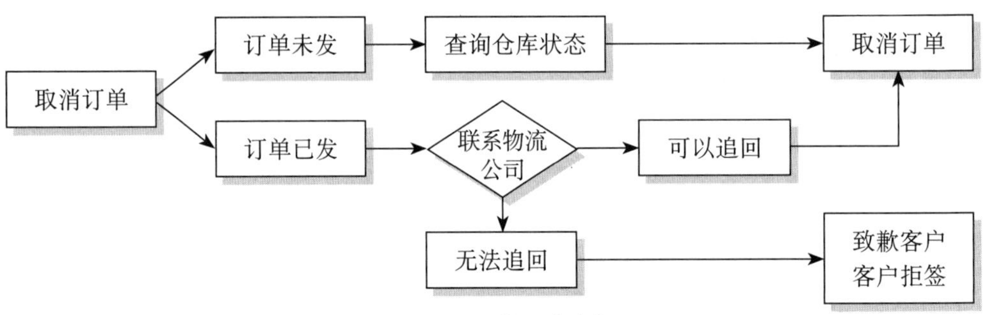

图10–15　订单取消流程

第四节　售后服务流程

196　售后服务工作内容

售后服务一般包括图 10–16 所示的内容。

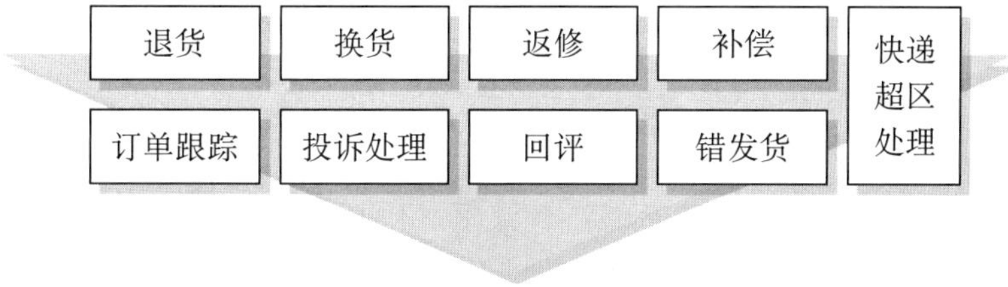

图10-16 售后服务工作内容

197 退货流程

退货流程如图 10-17 所示。

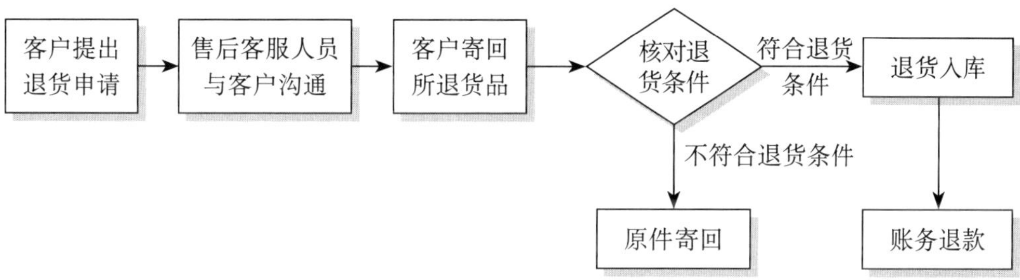

图10-17 退货流程

退货流程有以下四点注意事项。

(1) 退货标准制定。

(2) 退货运费支付。

(3) 退货全程由专人跟进。

(4) 退货案例入知识库。

198 换货流程

换货流程如图 10-18 所示。

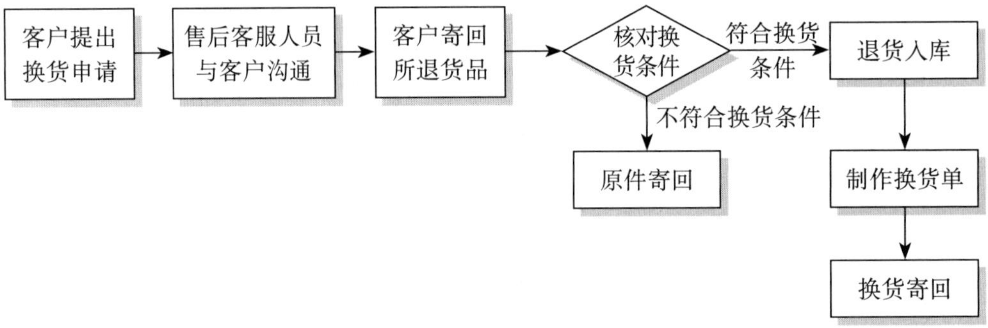

图10-18　换货流程

换货流程有以下四点注意事项。

（1）换货标准规范。

（2）换货全程要由专人跟进。

（3）特殊换货审批。

（4）换货单管理。

199　返修流程

返修流程如图 10–19 所示。

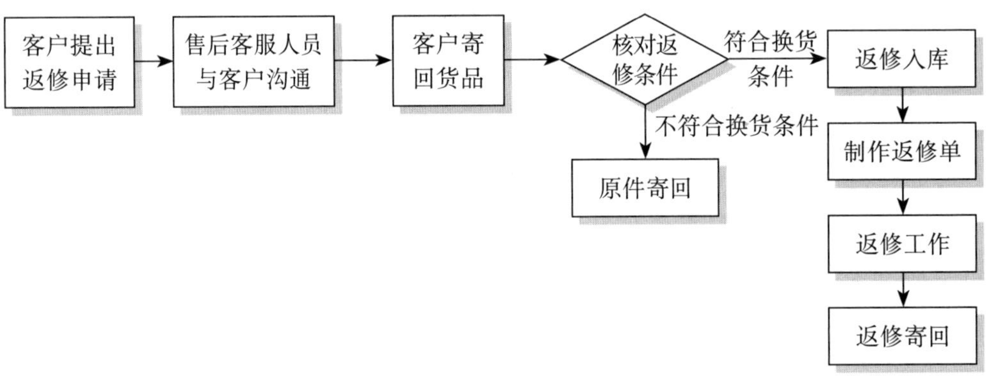

图10-19　返修流程

返修流程有以下四点注意事项。

（1）返修条件确认。

（2）返修全程要由专人跟进。

(3) 特殊返修审批。

(4) 返修单管理。

200 补偿流程

补偿流程如图 10-20 所示。

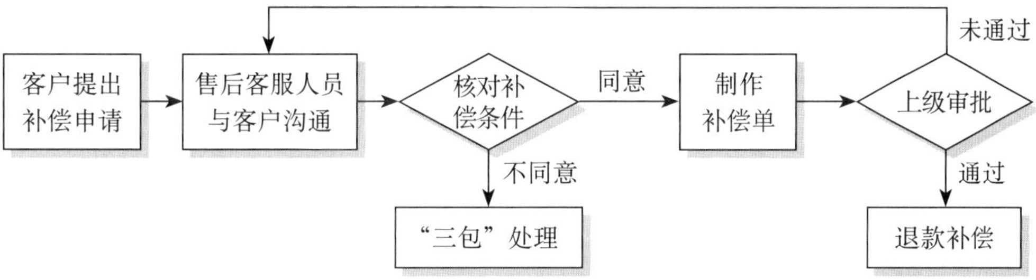

图10-20 补偿流程

补偿流程有以下四点注意事项。

(1) 补偿制度。

(2) 特殊情况审批机制。

(3) 补偿单制作全程要由专人跟进。

(4) 补偿案例入知识库。

201 快递超区处理流程

快递超区处理流程如图 10-21 所示。

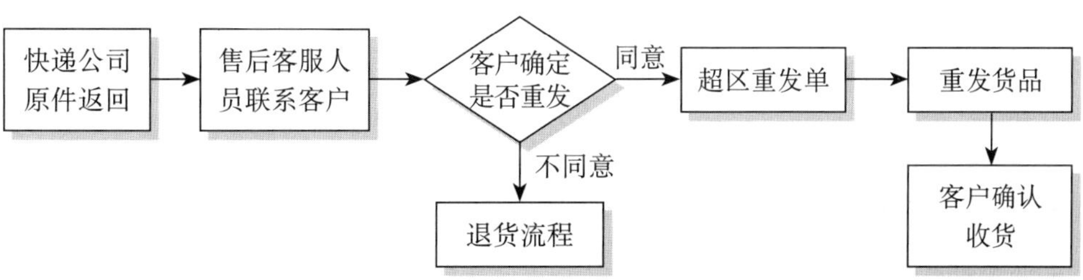

图10-21 快递超区处理流程

202 错发货处理流程

错发货处理流程如图 10—22 所示。

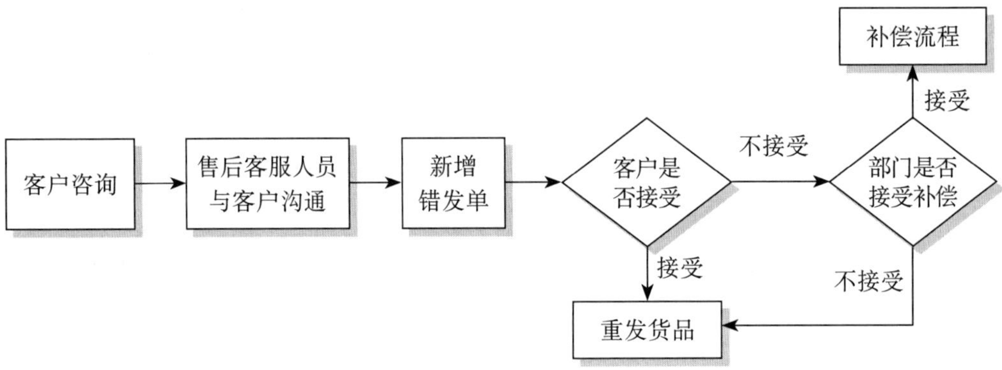

图10-22 错发货处理流程

203 回评流程

回评流程如图 10—23 所示。

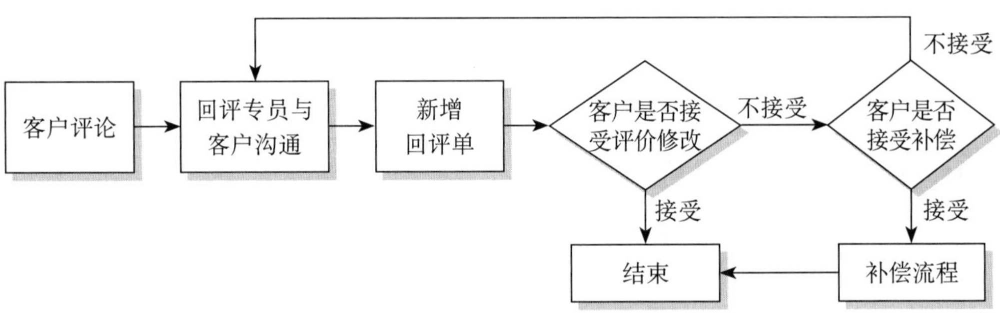

图10-23 回评流程

204 投诉处理流程

投诉处理流程如图 10—24 所示。

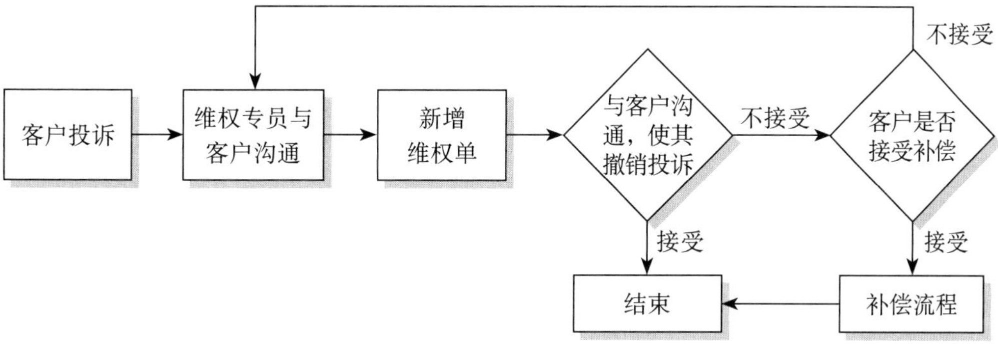

图10-24　投诉处理流程

205　订单跟踪流程

订单跟踪流程如图 10–25 所示。

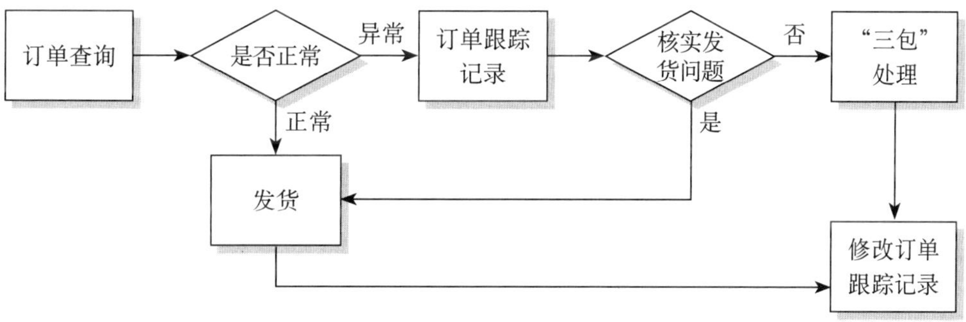

图10-25　订单跟踪流程

第十一章　售前客服管理

导读 >>>

售前服务是企业在客户未接触产品之前展开的一系列刺激客户购买欲望的服务工作。在营销和销售系统链条中，售前服务是两者之间的纽带，作用至关重要，不可忽视。

Q 女士：“A 经理，售前客服工作包括哪些内容呢？”

A 经理：“客服人员是连接店铺和客户之间的纽带，在销售过程中，售前客服人员不仅要解答客户疑惑，更要引导客户购买，促成交易，提高客单价。”

Q 女士：“如此看来，在实际工作中，要想做好售前客服工作不容易啊！”

A 经理：“的确，售前客服人员不仅要有认真、负责、热情的态度，更要学会一些技巧，很多时候还需要学会换位思考，站在客户的角度上，真诚地为其服务。”

第一节　向进店客户问好

206　留下良好的第一印象

第一印象是指客服人员和陌生客户交流中，彼此给对方留下的最初印象。这种通过售前客户服务所获得的初次印象是今后商品交易的根基。在竞争激烈的网络店铺中，售前客服人员更要注意良好的第一印象的培养，良好的第一印象是成功沟通的基础。

在客户服务流程中，迎接问好是第一个环节，也是比较重要的环节。“迎”，就是迎接客户，在网络销售中，迎接问好有着很大的学问。首次问好若是得当，意味着本次交易极大可能可以顺利进行；反之，若客服人员首次问好反应过慢或者出现差错，则容易引发客户反感心理，最终导致客户流失。

207　快速响应

客服人员接收到客户发送的第一条消息时，应遵循“黄金 6 秒”原则，立即反应，不能让客户等待时长超过 6 秒，切忌迟迟不回消息。

当活动咨询人数较多时，客服人员应优先回复新接入的客户。

208　个性问候

客服人员在回复客户的时候，可以加上自我介绍和适当的表情符号，这既能突出店铺管理优势，又能缩短与客户的距离感。

例如以下措辞。

您好，我是客服 8 号，很高兴为您服务！（加个“笑脸”表情）

您好，欢迎光临 ×× 旗舰店，客服 8 号竭诚为您服务！（加个“笑脸”表情）

图 11-1 提供了更多示例。

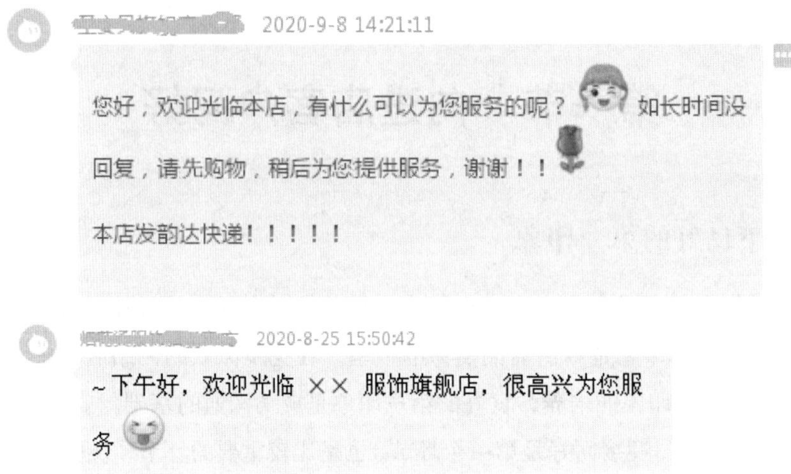

图11-1　客服聊天截图

209　拒绝用一个字回复

“在”“好”“没”“嗯”等一个字的回答，会让客户觉得客服人员很敷衍、缺乏耐心、太过冷漠。客服人员在一定意义上代表着店铺的形象和态度。因此，客服人员在回答客户的问询时，切忌用一个字回复。

第二节　给客户推荐产品

210　看准客户购买需求进行精准推荐

首先，看客户咨询的内容。客户咨询的问题直接反映了其需求，客服人员需要迅速把握客户需求关键词，从而有针对性地向客户推荐商品。

例如以下对话。

客户：“在吗？”

客服：“在的呢，亲。欢迎光临，有什么可以帮您的吗？”

客户："天气冷了皮肤干燥，有什么推荐的保湿产品吗？"

客服："天气冷皮肤容易干裂，亲是要好好保养一下呢，我帮亲选几款，亲可先看下哈。"

其次，看客户已经拍下什么产品。有部分买家喜欢先拍产品然后再询问相关信息，这时客服人员只要根据客户拍下的订单帮助客户解决问题即可。

211　帮助客户进行挑选

很多客户在选择商品的时候患有"选择困难综合征"。因为网购客户只能通过图片文字了解商品，对商品缺乏具体的认知，导致客户在选购时容易不自信、缺乏独立意识，这时客服人员的出现就像一场及时雨，可以帮助客户做出选购决策。

客服人员在帮助客户挑选商品时应考虑图11-2所示的因素。

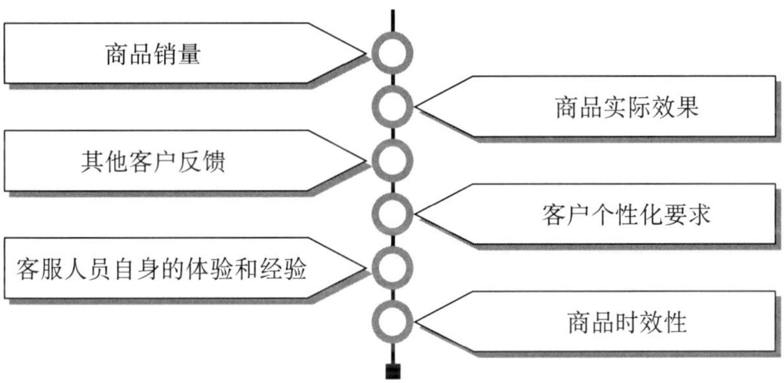

图11-2　帮助客户挑选商品时应考虑的因素

212　巧用客户心理

一般来说，客户会有图11-3所示的两种心理。

图11-3　客户的购买心理

1．“买便宜”心理

“买便宜”心理是指客户往往对促销打折等活动抱有强烈的好感，喜欢“捡便宜”。客服人员在推荐产品时可以从价格优惠入手，如“限时促销”“明天恢复原价”“很少有折扣”等，向客户说明立刻购买的诸多好处，最好能用数据加以佐证，以增加可信度。

2．“买不到”心理

“买不到”心理是指客户一旦看中某款产品，就会担心因为库存的紧缺，如果不立即购买，可能失去购买机会的心理。客服人员可以利用客户的这种心理来促成订单。例如，“卖完不进货了”“限量销售”等。

213　关联商品的推销

客服人员要注意关联商品的筛选原则和推销方式。

（1）关联商品的价值和作用不能高于主力产品。

例如，客户购买手机，我们可以向其推荐相关配件。

（2）一起购买相对于分开购买在价格上应该有一定的优惠。

例如，单买上衣159元，单买裤子139元，但是两件一起买的价格是269元。

（3）购买两件产品包邮。

例如，如果洗发水与护发素同时购买，可以包邮。

214　将选择权留给客户

客服人员在推荐产品的时候要关注客户的反馈，不能一味推荐自己想推荐的产品，而忽略了客户的真实需求。客服人员在推荐过程中要及时确认客户的反馈，以便尽快更换推荐的策略和产品。

第三节　处理客户异议

215　客户异议的概念

简单来说，客户异议是指客户对产品、销售的方式、交易条件、客服人员的态度等产生的怀疑、抱怨的言论或者直接提出反对意见。客服人员在接待客户过程中，必须正确地面对这些客户异议，并正确、高效地处理这些异议。

216 客户产生异议的原因及应对策略

客户产生异议的原因，大多表现为对价格不满、对产品质量和实物不信任及对客服人员服务不满意。具体原因及应对策略如图 11-4 所示。

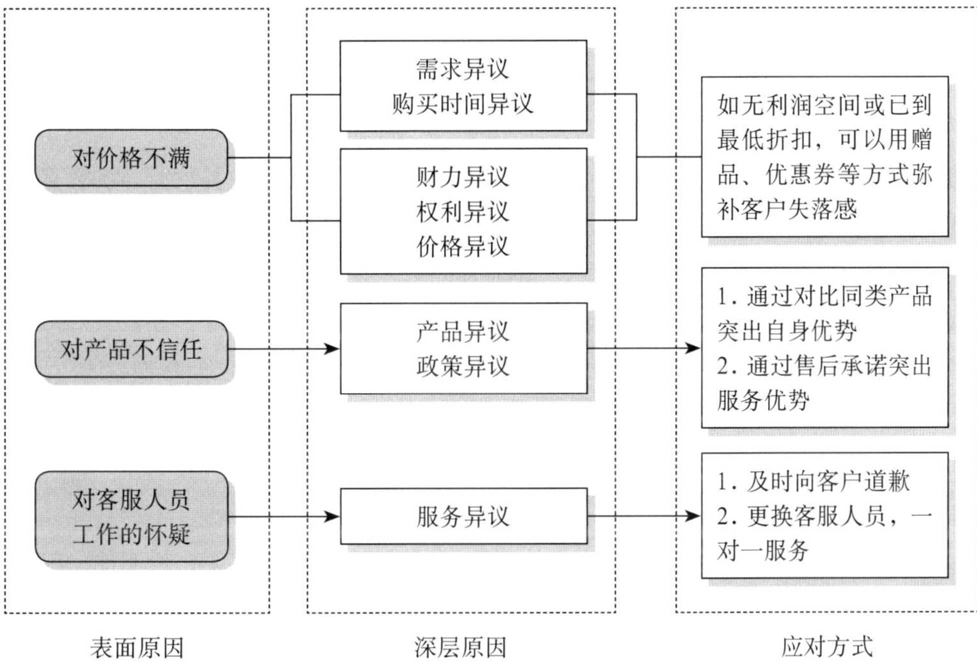

图11-4 客户产生异议的原因

217 需求异议

需求异议指的是在客服人员向客户介绍完产品之后，客户认为自己不需要这一产品而形成的一种拒绝反应。一般客户在与客服人员沟通时说出下列语句就代表出现了需求异议。

“我不需要这个产品。”

“这个对我没用。”

“这个不是我需要的。”

…………

这时候有两种可能：一是客户确实不需要这个产品，这样的话，客服人员就应该放弃推销；二是客户不想听客服人员推销的托词。出现需求异议的时候，一般以第一种情况居多。

218 财力异议

财力异议指的是客户以支付能力不足或者没有支付能力而提出的一种购买异议。

“产品确实很好，但是我支付宝上的钱已经不够了。”

“能不能再便宜一些啊，这件宝贝我很想买，但是确实没有这么多的预算。”

…………

客户这样说的时候，就代表他出现了财力异议。当客户提出财力异议时，不管真假，至少说明他对你推销的产品感兴趣，并且有购买意向。有的客户确实财力比较紧张，也有一些客户只是想看看能否再多占点儿“便宜”，客服人员要善于分析，辨别当下是哪一种情况。辨别真假财力异议的主要方法如下。

首先，进一步阐述自己商品的主要竞争优势，着重说明当前产品已经是物超所值了。

“亲，这件大衣是今年的最新款，只有我家有，别家没有哦！”

“亲，这款大衣含95%的纯羊毛，这个价格已经很便宜了哦。”

…………

接下来，客服人员不再说话，适当保持沉默，如果客户直接购买了，说明他之前提出的财力异议是假的；如果客户还是要求优惠，说明其财力异议可能是真的，这时客服人员可以根据公司的价格政策决定是否给予其适当优惠。

219 权利异议

权利异议指的是客户以自己无权决定购买产品为理由提出的一种异议。这一异议在电商销售中出现的概率比较小，在线下销售中出现的比较多。

“领导不在，这件事儿我做不了主。”

“我再问一下我们领导，如果买的话我再来拍。”

“这件商品不属于我的管理范围，实在抱歉。”

…………

权利异议同样也有真有假。对于真实的权利异议，网上是没有办法解决的，因为客户确实没有权利做出购买决策，客服人员只能通过询问客户影响决策者购买的主要因素再进行相应的介绍。

例如，“亲，请问你们老板想要什么样的呢，我看看有没有可以推荐的”。

假如客户告诉你，他的老板只喜欢便宜的东西，那么客服人员就应推荐最有价格优势的产品。

如果是虚假的权利异议，就说明客户只是以权利异议为由拒绝购买产品，此时需要客服人员利用高超的沟通技巧，找到阻碍成交的真正原因。

220　产品异议

产品异议指的是客户对于店铺产品的质量、样式、设计、结构、规格等方面提出的异议，这是客服人员在与客户沟通时经常遇到的一种异议。

“这个产品的性能不错，就是样子太难看了。”

“这款衣服只有这一种颜色吗？”

“这个台灯是塑料材质的，会不会容易坏？”

…………

产品异议也分两种情况。一是产品本身确实存在着某种缺陷，针对客户这种异议，客服人员要做的工作首先是将信息收集起来反馈给公司，以便公司生产出更加适合市场需求的产品。二是通过展示产品的其他优点，淡化用户对产品缺陷的关注度。

“对于这款产品，我们最应该关注的是产品性能。”

“这款衣服目前只有这一种颜色，但这个款式是今年最流行的。”

“这款台灯的性价比非常高，塑料材质看起来很时尚。”

…………

还有一种情况是客户想通过提出异议来了解更多的产品信息。这种异议不一定是真实的异议，异议本身带有一定的主观色彩，表明客户对这件产品的了解还不够。这种情况要求客服人员对产品有充分的了解，向客户进行充分的解说，以消除客户的异议，满足客户的需求。

221 价格异议

价格异议指的是客户认为产品的价格太高，或者产品的价格与价值不符而提出的反对意见。价格异议是最常见的异议。因为价格是与客户的切身利益相关的，所以即使价格已经很合理，还是会有客户提出异议。

“你这个产品太贵了。”

“这件宝贝我在商场里才卖 25 元，你这里怎么卖这么贵。”

“这件商品卖这么便宜，是正品么？”

…………

如果客户提出价格方面的异议，就间接地表示他对产品除价格外的其他方面，如性能、质量、款式等都比较满意。面对提出价格异议的客户，客服人员一定要把握机会，不管他提出的是高价格异议还是低价格异议，客服人员都要想办法说服客户，促成交易。

例如，从产品的材料、工艺、售后服务等方面来证明其价格的合理性。

222 购买时间异议

购买时间异议指的是客户认为自己购买产品的时机还不成熟而提出的异议。

“我再看一下，然后再决定买不买。”

“我家里还有很多，暂时先不买了。”

“现在是冬天，买裙子还有点早，等等再说吧。”

…………

客户在咨询到一定程度时提出了购买时间异议，说明客户的其他异议已经很少或者根本不存在了，他只是在购买时间上有点犹豫。这时，客服人员应该运用恰当的策略，如使用“限量销售”“限时低价促销”等话语，以消除客户的购买时间异议，促成交易。

“亲，我们这款衣服是新品，只有开售后前 50 名客户才能享受这个价格哦！”

“亲，到这个月月底，我们这个宝贝的价格要涨 50 元！”

…………

223 服务异议

服务异议指的是客户对于产品的售后服务不信任而提出的一种异议。客户服务包括售前服务、售中服务、售后服务，其中售后服务是客户关心的重点，也是客服人员工作的重点，很多的服务异议源于售后服务。

“空调坏了怎么修，如何联系你们？”

“这些家具你们能不能提供安装服务啊。”

…………

对于服务异议，客服人员要耐心地加以解答，以消除客户的后顾之忧。

224　政策异议

政策异议又称责任异议，是指客户对自己的购买行为是否符合相关政策的规定而有所担心，因此提出的一种异议。客服人员在提供产品售前服务之前，应该熟悉和掌握其所推销的产品的相关购买政策，唯有如此，在实际工作中才能有的放矢地解决客户在政策异议方面的问题。

如果客户因不了解相关政策而提出了无效的异议，客服人员只需把相关政策讲解清楚，就能很容易解决客户异议；若客户异议真实有效，客服人员应向企业反映，建议企业立即停止销售活动，不能欺骗客户。

第四节　售前客服销售技巧

225　咨询客户购买用途

客户为什么要买这种商品？这是客服人员在推销产品时首先应该考虑的问题。针对客户购买产品的不同用途，客服人员推销的产品也要有所区别。

（1）进行推荐和销售的时候注意客户购买用途的侧重点。

（2）根据客户购买用途的侧重点有针对性地推荐产品。

226　询问客户购买预算

消费预算是一个比较敏感的话题，客服人员若询问不当，会让客户感觉不舒服，以致交易失败。但如果客服人员不清楚客户消费的预算，就很难有针对性地推荐适当价位的产品给客户。因此，客服人员在询问过程中一定要遵循循序渐进的原则，不要心急。

227 询问对产品的特殊需求

客户产生购买欲望的同时，通常会对自己想要购买的产品有一定的预期。

例如，女性在购买衣服时，每一个人的需求都可能不一致。有的人购买衣服看重品牌，有的人看重衣服的材质，有的人希望设计与众不同。

客服人员应根据客户的特殊需求，向客户推荐适合他的商品。

228 准确推介

客服人员应做一个专业卖家，向客户准确地推介产品。客服人员应该知道不是所有客户对产品都熟悉了解。当客户对产品不了解的时候，在其咨询过程中，客服人员要认真解答，帮助客户找到适合他们的产品，若一问三不知，会让客户对店铺没有信任感，客户也就不会在店里购买产品。

229 介绍产品各项细节

客服人员在向客户推荐产品时，难免会有客户对产品的质量、颜色、款式、实物效果有所怀疑，这时客服人员需要对产品细节进行展示。

例如，对于服装，客服人员可以从面料、服装正侧面、穿着效果等方面进行介绍。虽然“宝贝详情”里有详细的介绍，但不能保证每一个客户都会认真地看，因此客服人员有必要向客户另做详细介绍。

230 坦诚介绍产品缺点

对于一些有瑕疵的产品，店铺一般会做特价处理。客服人员在介绍这类产品的时候，必须要针对产品本身的缺点做真实的说明。虽然理论上产品缺点在推销中应该尽量避免提及，但如果因为未事先说明而造成客户抱怨，反而会影响店铺信用，得到差评就得不偿失了。

因此，客服人员在介绍这类特价产品时，首先要坦诚地让客户了解产品的缺点，同时需要让客户知道产品的优点，先说缺点再说优点，这样会更容易被客户接受。客服人员在介绍产品时切莫夸大其词，介绍若与事实不符，会影响店铺信用，并且失去客户。

231　阐述产品优点

客服人员在介绍产品时一定要重点突出产品的优点，以及这些优点能给客户带来的好处。

例如，漂亮的衣服可以美化外表，淡雅的香水味可以令人着迷，这些都是产品的优点带给客户的好处。

客服人员在向客户介绍产品所能带来的好处时，要侧重介绍图 11–5 所示的四个方面。

图11-5　向客户介绍产品好处时的侧重点

232　客观地介绍竞争对手

网上同类产品竞争非常激烈，客户在选购产品时难免会与同类产品做比较，难免会问：为什么其他店的产品比你们店的便宜？为什么其他店包邮而你们不包邮？为什么别家送小礼品而你们没有小礼品赠送？这时客服人员千万不要去诋毁竞争对手，而要客观专业地解释具体原因。

233　介绍产品过程中与客户互动

作为不能与客户面对面交流的网店客服人员，我们在推销产品时最忌讳的就是自顾自地介绍，全然不理会客户的感受。合格的客服人员在介绍产品的整个过程中要随时与客户交流，确认客户是否明白你在讲什么，是否还有什么不清楚的地方，这样才能保证信息的有效传递。

234　主动邀请客户购买

客服人员不能仅仅局限于向新客户推销，应该更多地思考如何积攒回头客。

客服人员邀请客户再次购买时可以适当用“上新”“优惠”“大酬宾”等吸引人的关键词，吸引老客户的关注。客服人员可以通过阿里旺旺、手机短信、电子邮箱等渠道主动邀请客户。此外，客服人员还可以适时地加入一些旺旺群等群组，推销自己的产品，主动出击，获取客源。

235　礼貌致谢

有时我们会遇到一些尴尬的情况，例如客户在某种商品有优惠活动前已经下单购买了，但客服人员并不了解，仍在努力地推销自己的商品。这种状况下的推销会让客户不耐烦，回应态度也会稍显冷漠。这时客服人员要调整好自己的情绪，马上礼貌致谢，给客户留下一个好印象。

第十二章　售中客服管理

导读 >>>

售中服务的目标是为客户提供性价比最优的解决方案。售中服务主要包括销售过程管理和销售管理。售中服务是既满足客户购买商品欲望，又不断满足客户心理需要的服务行为。

Q女士："A经理，售中客服人员并不是所有电商企业都配置的吧？"

A经理："售前咨询、售中引导和售后服务是电商企业客户服务工作的主要内容。目前大多数小规模的网店在店铺经营过程中，未对客服进行划分，有一定规模的网店即使将客服进行了划分，也只分售前和售后，而在实际工作中售前客服人员会同时承担售前和售中两方面的工作。"

Q女士："那售中服务的内容有哪些呢？"

A经理："售中服务内容主要包括催发货处理、催单催付处理、订单确认、订单处理、客户信息整理等。"

第一节 催发货处理

236 应对客户催发货的处理步骤

客户催发货是客服人员经常遇到的情况之一，对于这种情况，客服人员可按图12-1所示的步骤处理。

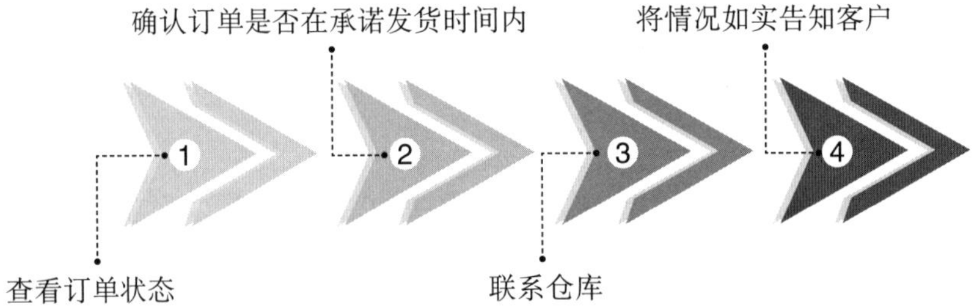

图12-1 应对客户催发货的处理步骤

1. 查看订单状态

当客户催促发货的时候，客服人员一定要第一时间查看订单状态是已发货还是未发货。如果显示已发货状态，客服人员要查看是否存在实际发货进度与系统更新时间有差异导致订单已发货而客户端还未更新的情况。

2. 确认订单是否在承诺发货时间内

确认订单的状态后，客服人员应再查询一下现阶段是否超过了店铺承诺的发货时间。如果还在承诺的发货时间内，客服人员应该回复客户店铺会尽快在承诺的时间内发货。如果订单本身没有承诺时间，客服人员要向客户解释，并明确告知其店铺将在什么时间发货及预计到货时间。

3. 联系仓库

客服人员安抚客户之后，要马上联系存货的仓库，向仓管人员了解情况，查清未能发货的原因。只有找到原因，才能真正地解决问题。

4. 将情况如实告知客户

客服人员要将尚未发货的原因如实告知客户，并提出相应的解决措施。

237　未到承诺发货时间的处理

这种情况是比较容易应对的，当有客户催发货物的时候，尽管还没有到承诺的发货时间，客服人员也需要礼貌回答。一般这种情况下，客服人员礼貌的回答能够让客户得到满意的答案。

例如，“亲，您好！小店承诺 48 小时内发货，店铺是根据客户拍下时间依次发货的，如果您急需商品，这边可以为您备注，加急处理，请您耐心等待哦！”

238　承诺时间内已发货的处理

在承诺时间内即使商家已经发货，但如果客户查询不到物流信息，他还是会认为店铺已超过承诺发货时间，会因此催发货。这时客服人员需要联系仓库，查询没有物流信息的原因并予以解决，一般有以下两种情况。

1. 快递单号填错

如果是快递单号填错，客服人员应于 24 小时内进入系统更新单号，覆盖错误单号。

客服人员找到原因后，应第一时间告知客户已发货的事实，并告知客户发的哪家快递及正确的单号，最好附上物流信息截图。

客户：已经拍下两天啦，请问怎么还不发货？

客服：亲，不好意思，刚刚为您查了一下，您的宝贝已经发货了。我们不小心填错了快递单号，对不起。正确的快递单号是 ××× （×× 快递），请您耐心等待哦。后续有问题请再联系我们。

2. 快递公司原因

有时候因为快递公司的原因系统中无物流信息，例如未录入单号、快递无揽件信息等，客户会误以为商家还未发货。

这时客服人员需要积极地联系快递公司，并在有结果后于第一时间告知客户。

例如，“亲，不要着急哈，刚刚为您查询了，您的宝贝已经发货了。物流公司一般在揽件后的 24 小时左右才会更新物流信息，请先耐心等待哦。后续如果还没有消息，请再联系我们哦。”

239 承诺时间内未发货的处理

超过承诺发货时间未发货，主要是因为库存不够。

因为订单过多、库存不够等原因造成商家没有办法在承诺时间内发货。这确实是商家的问题，理亏在先，客服人员要在第一时间积极主动地联系客户，先道歉，并说明缺货情况，让他们选择退款或是继续等待（需要告知具体的等待时间）。客服人员在沟通时要注意向客户道歉并安抚客户。

例如，“亲，非常抱歉，由于订单太多、库存不足，现在这款产品暂时没存货了，给您带来的极大的不便，我们致以最诚挚的歉意。现在店铺正在加班加点处理，我们可以在三天内补货发货。如果您可以等待，我们在发货后将送上小礼品 / 优惠券，以表达我们的歉意。如果您不能接受，我们将立刻为您办理退款，同时送您一张优惠券，您如果有喜欢的商品还可以下单。非常抱歉，希望您可以谅解我们！”

【实用案例】

应对买家催发货的处理方案

买家：“你们店铺承诺 48 小时内发货，现在都过 48 小时了，为什么还不发货？”

方案一：道歉 + 解释原因 +（买家同意补发）+ 小礼品 / 优惠券

客服人员：“亲，很抱歉，店铺因为库存错误导致商品不够，影响发货，给亲带来了极大的不便，我们致以最诚挚的歉意。现在店铺正在加班加点处理，可以在 24 小时内发货，希望亲可以谅解我们。如果亲可以接受，发货后我们将送上小礼品 / 优惠券，以表达我们的歉意。”

方案二：道歉 + 解释原因 +（买家不同意补发）+ 推荐相关商品 + 优惠券

客服人员：“亲，很抱歉，店铺因为库存错误导致商品不够，影响发货，给亲带来了极大的不便，我们致以最诚挚的歉意，希望亲可以原谅我们。如果亲实在不想等的话，也可以考虑一下我们店铺的其他款，今天可以给您发货，我发个链接给您看看好吗？（建议发与客户拍下的同类型的产品或相差不是很大的产品）如果有喜欢的，我们给您送一张优惠券，以表达我们的歉意。”

方案三：道歉 + 解释原因 +（买家要求退款）+ 及时处理退款

客服人员：“亲，很抱歉，店铺因为库存错误导致商品不够，影响发货，给亲带来了极大的不便，我们致以最诚挚的歉意，现在店铺正在加班加点处理，我们承诺在 24 小时内发货。如果亲不能接受，可以申请退款，我们将马上处理。”

240　催发货处理技巧

每个客户在网上购买了自己心仪的产品后，都想快点收到它们，所以导致不少客服人员收到客户催发货的咨询。如果同时有太多人来咨询，客服人员的工作效率会受到影响，此时客服人员应该怎么做呢？客服人员可参考图 12-2 所示的催发货处理技巧。

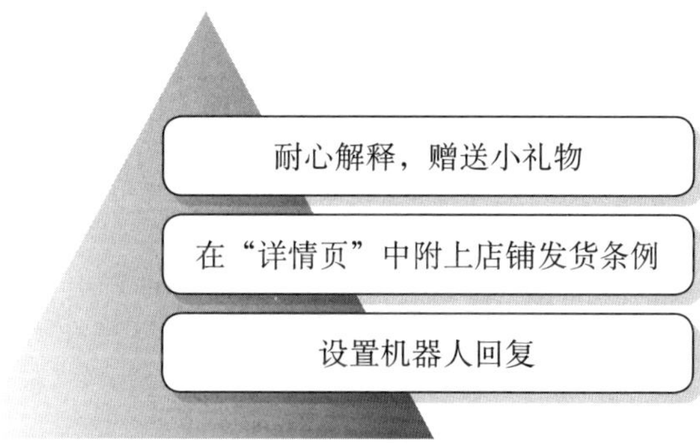

图12-2　催发货处理技巧

1. 耐心解释，赠送小礼物

客服人员必须要有耐心。当客户催发货时抱怨发货时间太长，客服人员可以告诉客户，店铺所有的订单都是按照付款的先后顺序在 ×× 小时内发货的，并告诉他店铺将赠送他一个小礼物，以表歉意，通常大部分客户是会谅解的。如果客户仍不愿意等待，那么可以请他申请退款。

2. 在“详情页”中附上店铺发货条例

在商品“详情页中”的顶部，最好设计一个声明图片，仔细解释店铺的发货规则，并承诺店铺将在 ×× 小时内发货。

若客户来询问或催发货时，客服人员可以将图 12-3 所示的发货条例发送给他，并说：“您好，请先了解一下本店的发货条例哦，请耐心等待，我们会准时发货的。若延误发货，给您造成困扰，我们深表歉意。”

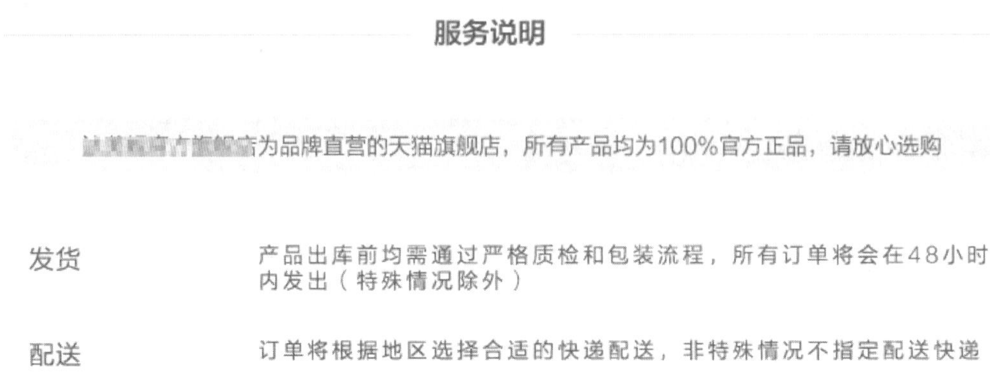

图12-3　商品详情页发货规则说明截图

3．设置机器人回复

客户催发货是比较常见的问题，店铺可以设置机器人回复，告知客户货物将在 ×× 小时内按下单顺序发出，请耐心等待。这样能够大大减少客服人员的工作量，提高工作效率。机器人回复设置如图 12–4 示例。

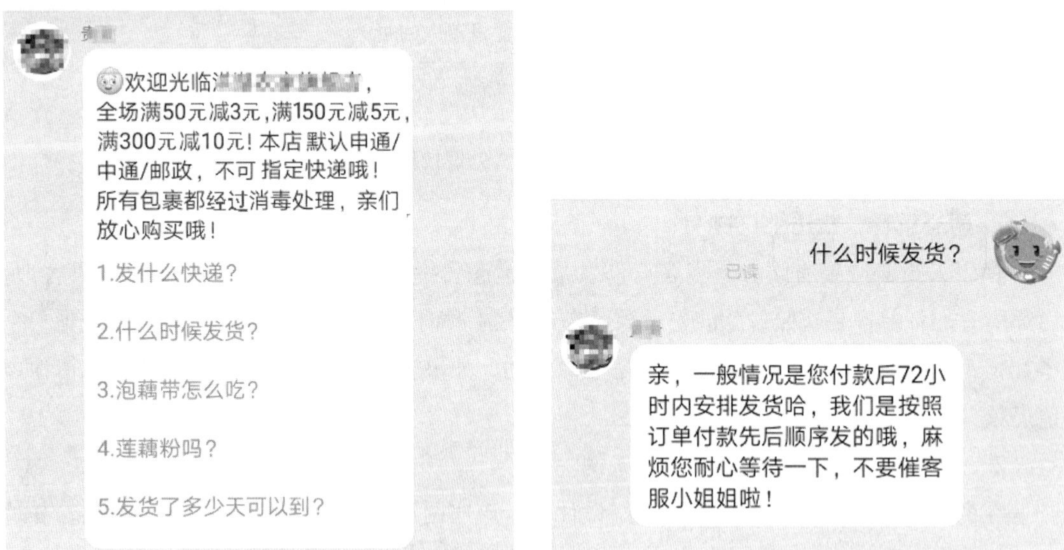

图12-4　机器人回复截图

第二节　催单催付处理

241　催单催付的意义

对于那些询问过产品但未下订单，或是下订单后却未付款的客户，客服人员需要进行催单催付。具体来说，催单催付的意义主要体现在图 12-5 所示的三个方面。

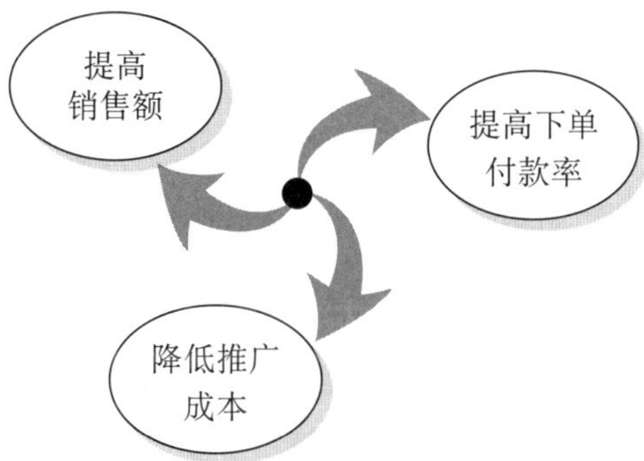

图12-5　催单催付的意义

例如，店铺目前一共有 20 个待付款订单，通过客服人员的催付，8 位客户成功付款，如此一来店铺的总成交额直线提升，长期坚持，店铺将会斩获更多的订单，也能积累更多的老客户。

242　了解客户未付款的原因

客户既然已经点了提交订单的按钮，就说明他有很大的购买意向。他或许遇到了一些问题，所以迟迟未付款，那么常见的原因有哪些呢？

1. 运费

运费问题一般是指运费太高或者不包邮的问题。有时店铺对于运费设置得不是特别合理，会出现运费过高的情况，导致客户望而却步。

2. 价格

有时候客户提交订单后感觉产品价格有些高，暂时不想买了。如果是这个原因，客服人员可以联系客户，给客户推荐活动款或特价款，或者直接将订单的总金额抹零，灵活地处理以促使客户付款。

3. 关联产品

关联产品是指客户还有产品需要买，想凑到一起支付。如果店铺有满多少元包邮或者满减活动，客服人员可以提醒客户注意关联产品。

4. 支付过程

客户在支付过程中可能会遇到一些问题，如余额不足，客服人员可以建议客户通过充值、找朋友代付或分期付款等方式进行支付。

5. 担心售后问题

由于网购看不见实际产品和实体店铺，有些客户对于售后问题会心存疑虑。这时客服人员要主动找客户沟通，向客户阐明店铺的售后服务细则，以打消客户疑虑，促使其付款。

243 催单催付方式

常见的催单催付方式有三种，即后台催付、短信催付、电话催付。前两种方式适用于一些总金额较小的订单，如果是大订单，客服人员通过电话联系效果最佳。当然实际催付过程中，大部分是三种方式相结合的。

1. 后台催付

例如，对于淘宝商家来说，客服人员可以直接从后台给客户的旺旺发送消息。发送消息时，可以从以下三个角度编辑信息。

（1）发货角度

例如，“亲，您好，我们已经在安排打包了，看到您的订单还没有支付呢，请您付一下款哦，我们也好给您早点安排发货哦！”

“亲，您好，看到您的订单还未付款，如果是对产品还有疑问请随时咨询我们哦！您付款后我们会优先为您安排发货哦！”

（2）售后角度

例如，“亲，您好，看到您的订单还没有支付，我们这边是支持15天无理由退换的，而且我们还帮您购买了运费险，收到以后包您满意，让您没有后顾之忧！若是对咱们的产品有疑问，咨询我们旺旺就可以哦！”

具体示例如图 12-6 所示。

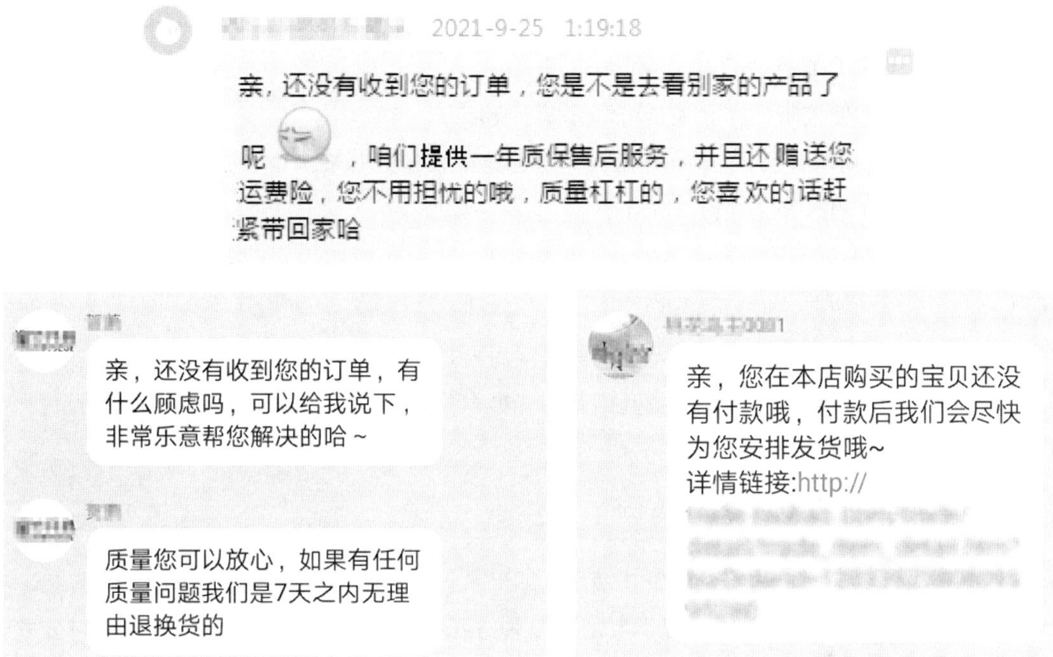

图12-6 客服人员回复截图

(3) 优惠角度

例如，“亲，‘伙拼’大促产品只需 9 折而且还包邮哦，明天上午活动结束后就要恢复原价了，买得早不如买得巧，拍下后优先给您安排发货哦！”

在催付过程中，客服人员一定要记得具体问题具体分析。如果客户正好在活动期间提交订单，那么就以活动作为切入点催单催付；如果客户担心售后服务，客服人员就以店铺的各项保证为切入点来催单催付，如“48 小时内发货”“7 天无理由退货”等。

2. 短信催付

客服人员可以通过给客户发短信的方式来催付。

例如，“亲，您好！看到您在 ×× 店铺拍下 ××，库房已为您预留，如果方便的话请您在下午 ×× 点前及时付款，以免耽误给您发货；库房每天下午 ×× 点统一发货！祝您生意兴隆！天天好心情！”

短信内容一定体现商家店铺名、买家购买的产品信息，信息须简明扼要，一条短信说完。

3. 电话催付

对于比较大的订单，客服人员可以直接打电话给客户进行催付。

例如，“您好！请问是 ×× 先生 / 女士吗？打扰您一下，我是 ×× 平台 ×× 公司的客服人员 ××，请问您现在方便接听电话吗？”

如果客户说方便接听，客服人员可继续以下交流。

“看到您在我们店铺拍下 ×× 产品，库房已为您预留，如果方便的话请及时付款，以免耽误给您发货。我们库房是在每天下午 ×× 点统一发货。”

如果客户有异议（运费、产品质量、售后等），客服人员需要有针对性地帮助客户解决问题。

如果客户不方便接听电话，就与他约好时间后再打电话。

电话催付时，客服人员要注意提高声音的感染力，面带微笑，用语言表达服务热情。

244 催单催付结果备注

（1）客服人员在催付后需及时备注结果，如是否付款、未付款原因或者大概付款时间。

（2）大单可进行二次催付，但不要用同一种方法重复催付。客服人员需把握催付分寸，催付频率不可过高。

245 催单催付注意事项

（1）客服人员应根据店铺情况，选择重要的订单进行催付。

（2）客服人员应根据产品利润空间，选择性价比最高的催付工具。

（3）后台催付时，客服人员应多用表情包，可以通过与客户核对收货地址的方式委婉进行催单。

（4）电话催付时，客服人员应用普通话，且音量要适中。

（5）催付话语应言简意赅，注意技巧，并考虑客户的情绪。

（6）对于拍下未付款 1 天之内的订单，客服人员应询问客户是否有什么疑惑，在客户提出问题后要耐心地解答，以消除客户的疑惑，促成交易。

第三节　订单确认

246　核对订单信息

客服人员收到客户订单付款信息后，应通过即时聊天工具或其他通信工具，与客户取得联系，确认客户填写的信息是否正确，特别是收货地址、联系人姓名、联系方式、订购的商品信息等，避免因错误引起纠纷。

核对订单信息时，客服人员需重点核对图 12-7 所示的三项内容。

1. 核对客户收货地址、联系人姓名、联系人电话是否有误
2. 核对下单产品的尺码、颜色是否有误
3. 核对发货时间、发货快递公司是否被客户接受

图12-7　核对订单信息的要点

细节决定成败，核对信息的服务做好了，可以提高客户服务满意度，避免诸多后续售后问题。例如，地址错误导致快递无法派送、联系方式错误导致客户无法收到快件、商品信息错误导致客户要求退换货等。具体核对信息示例如图 12-8 所示。

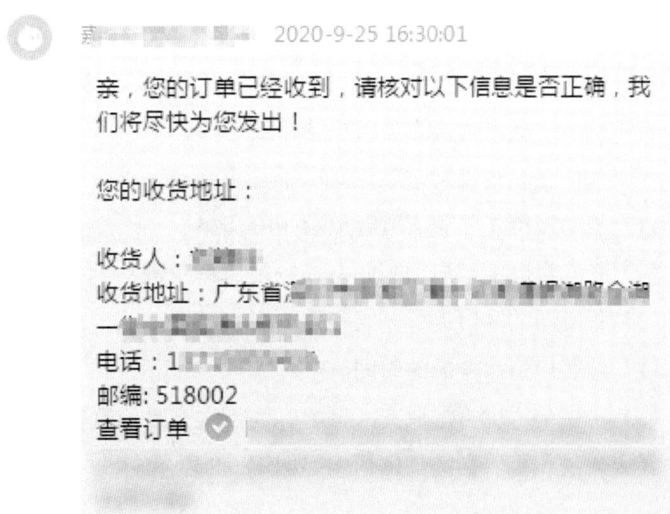

图12-8　核对信息示例截图

247　添加备注

客服人员在与客户沟通的过程中，或是在核对订单时，若客户提出什么特殊要求，如指定快递公司或提出赠送一个小礼品等要求，客服人员一定要做好记录，并添加在备注栏内。这里要注意，添加信息一定要及时，避免因工作繁忙而忘记，从而失信于客户。

248　礼貌告别

客服人员核对完订单之后紧接着是礼貌告别。

网店客服人员不同于实体店接待人员，其通过毫无生机的计算机与客户交流，客户看不到客服人员的表情，客服人员不能简单地说“再见”，而要用丰富的表情符号以及礼貌的用语表达自己的热情。因此，无论交易成功与否，客服人员都需要用一个完美的“收尾”向客户礼貌告别。

1. 已成交的客户

对于已成交的客户，客服人员应预祝合作愉快，请客户耐心等待收货，如果有问题可以随时联系，给客户留下良好的购物体验。

2. 未成交的客户

如果客户表示希望“再考虑一下”，那么客服人员应该礼貌地给客户留出考虑的时间，再适当地提出“有更多优惠活动”。

如果需要再次跟进客户，客服人员可以在上次交流 10 分钟后，再次联系客户。如果客户仍没有购物意向，客服人员应果断停止跟进，然后诚恳地表达很高兴为他提供服务，如有必要，可以加为好友，以便后续的客户开发和跟进。

客服人员在礼貌告别时应注意以下几点。

（1）用语规范、礼貌，给客户留下好印象。

（2）将有意向的客户加为好友，以便后续跟进。

（3）将不同的客户进行分组和重要级别设置。

（4）给客户留出考虑的时间。

（5）告别前适度再做成交的努力，为下次交易制造机会。

客服人员礼貌告别的具体示例如图 12-9 所示。

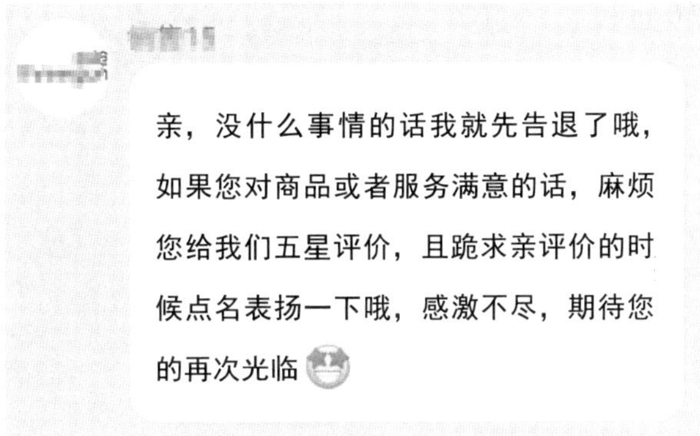

图12-9　客服人员礼貌告别截图

第四节　订单处理

249　未发货订单排查

1. 排查

排查订单是客服人员每天必做的一项重要工作，主要是排查前一天遗留下来的未发货订单。这些订单主要是由于商品处于预售状态、商品缺货、客服人员在后台未单击“确认发货”按钮等而未发货。对于因商品缺货而未发货的订单，客服人员需要重点排查。

2. 打单

打单即打印发货单和快递单。

(1) 发货单。发货单供打包人员发货时使用。发货单可以放在快递包裹里，以便客户核对商品情况。发货单的信息通常包括收件人姓名、商品名称、商品价格和商品数量等。

(2) 快递单又叫快递面单，是指快递行业在运送货物的过程中用以记录发件人和收件人姓名、地址、电话以及产品重量等相关信息的单据。

3. 发货

发货是指拣选商品、打包、贴单及交付给物流等一系列将商品托运出去的工作流程。一般来说，大中型网店会安排专业的人员发货，不需要客服人员操作。

250　缺货订单处理

1. 缺货订单的判别

当客户购买的产品数量大于库存数量时，将生成缺货订单。

2. 缺货订单的发生原因

（1）损耗件。

（2）订单整理错误。

（3）商品拍下系统未减库存。

3. 缺货订单的处理方法

（1）与客户沟通发货时间。

（2）按客户的重要性进行排序，分配可以发货的数量，并与客户沟通，以维持客户满意度。

（3）对客户急需的产品，通知供应商紧急调货、紧急发货。

若存货不能满足客户需求，客户又不接受替代品，客服人员可按客户的要求与公司相应规定选择如下处理方法。

（1）重新调拨。

（2）补送。

（3）删除不足额订单。

（4）延迟交货。

（5）取消订单。

同时，客服人员可以通过升级客户的会员等级或者送优惠券等形式补偿客户。

251　异常订单处理

有时，客服人员在与客户确认订单时，客户没有及时告诉客服人员订单地址有误，等到快发货时才提出修改地址的申请；或者客户临时不想要了，希望取消订单等。对于这些情况，客服人员需要对有异议的订单做出修改、备注及取消等相应处理。

252　投诉订单处理

有的订单在还未发货或者货品还在途中时，客户对店铺进行了投诉，这时客服人员需要立刻联系客户，弄清投诉的原因，以进行妥善处理。

253　订单登记

订单信息确认无误后，接下来客服人员要将订单汇总、分类、调拨库存。

客服人员在进行订单登记的时候一定要注意以下几点内容。

（1）核实货品库存是否足够。

（2）核实物流是否可按时抵达。

（3）是否有可合并订单。

（4）根据备注修改订单。

（5）对特殊订单做颜色标记。

如果网店的交易量比较大，订单的整理和登记就是一项非常烦琐的工作，有的网店会使用企业资源计划（Enterprise Resource Planning，ERP）管理软件来协助订单的整理与登记。

254　下单发货

一般大型公司的发货由仓库工作人员负责，小公司则由客服人员在网上点击发货，填写、打印快递单，输入相应的快递单号。

下单发货的工作流程为：将已经成交付款的有效订单录入 ERP 订单管理系统，库房的工作人员通过 ERP 订单管理系统下载并打印发货单，对已经确认登记过的、无异常的订单予以发货。

在下单发货前，客服人员还需要对录入系统的相关订单信息进行审核，一般订单记录的客户身份信息（Identity Document，ID）后有一个小图标，可以帮助客服人员再次确认订单内容。

经客服人员审核无误及合并后的订单可以进入发货流程。

255　订单跟踪

1. 查询物流信息

商品发货后，在运输途中经常会出现各种物流相关的问题，导致客户需要向客服人员咨询。此时，客服人员可根据平台后台更新的物流信息查找原因，也可以进入快递查询网站，输入快递单号查询物流状态。客服人员向客户发送的物流信息示例如图 12-10 所示。

图12-10　客服人员向客户发送的物流信息截图

2. 签收提醒

当商品包裹进入派送环节后，客服人员可以通过短信或平台留言的方式提醒客户注意签收包裹，这不仅能让客户感受到店铺的细致和温馨，还能在提醒客户签收之余进行好评，或者邀请客户下次光临。

“亲爱的 ××，小店收到飞鸽传书，得知您的宝贝已经安全抵达。有任何疑问欢迎咨询我们。喜欢宝贝请记得给 5 星好评，愿一路相知，伴随左右。【×××】”

“亲，包裹正在派送中！签收时记得检查哦！满意的话请给我们 5 星评价，并分享您的试穿感受哦！截图联系客服可领取 10 元优惠券！”

“尊敬的 ××，得知您的宝贝已经安全送达，本店非常荣幸能为您提供服务，今后如有需要，请联系我们，愿效犬马之劳。祝您生活愉快！【×××】”

更多示例如图 12-11 所示。

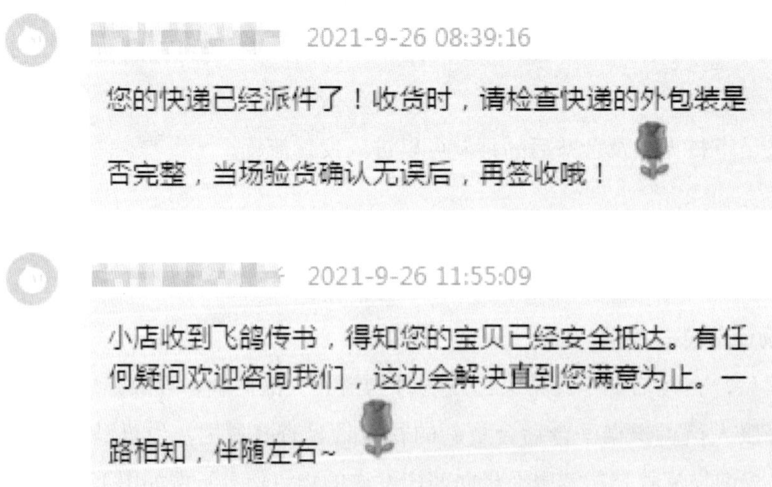

图12-11　客服人员发送签收提醒截图

3. 确认收货的好评提醒

在确认客户签收商品后，客服可以短信或平台留言的形式对客户的光临表示感谢，并以优惠券、VIP 等赠品形式引导客户及时给予好评。

例如，“亲，您在 ×× 店铺购买的商品已显示签收，若满意请赐予我们 5 星好评，截图给客服人员还可获赠 20 元优惠券哦！”

第五节　客户信息整理

256　加客户为好友

有些客户会主动加客服人员为好友，但是有些客户仅仅是问客服人员一些问题，未加客服人员为好友。这时客服人员应主动添加客户（只要有客户来询问，都可以加他们为好友）。还有一些客户没有和客服人员在线沟通就直接拍下商品，客服人员也应该将其加为好友。这样做的好处是为后续营销做好铺垫。

257　对好友进行分类并建群

客服人员可依据跟客户的沟通内容，将客户划分为已购买客户、未购买客户、咨询客户三种类型进行好友分类。这样在后续营销中，客服人员就可以针对不同的受众群体，采用不同的营销策略和方式。

客服人员可以根据客户分类建立会员群、客户群，当有促销、上新信息时客服人员就在群内公布，并调动群内气氛。这项工作一方面为客户建立了一个交流平台，提高客户黏性和忠诚度；另一方面为店铺制定会员制度等后续活动做好铺垫工作。

258　聊天记录存档

查看聊天记录是客服人员进行有效沟通的基础，将来为客户提供优质的售后服务也需要回查聊天记录。因此，客服人员要养成定期保存聊天记录的习惯，这会为后续工作提供很大便利。

另外，网店经营不可避免地会遇到各种售后纠纷，如客户投诉发错货、发错码、发错颜色等。为了能准确地划分责任，避免损失，客服人员需要定期对客户的聊天信息进行存档和整理。

259　聊天记录交接

不管客服工作是一个人担任在线接待，还是多人轮班值守，都要养成定期导出聊天记录的习惯，并将这些聊天记录文件共享给工作伙伴。工作伙伴在其他电脑上登录聊天工具，导入合并这些聊天记录，就可以随时查询以前的聊天记录，查看以前客服人员对此问题是如何回复、承诺的。这样，不管再次回复的是你还是换岗轮班人员，都不容易产生偏差。

260　建立客户档案

客服人员应该认真建立客户档案（客户的资料库），及时记录每个成交客户的各种联系方式，并认真总结、分析客户群体特征，对不同客户进行不同备注说明。只有全面了解客户的情况，才能确保销售的是客户喜欢的物品，从而更好地拓展市场。

客户档案的内容如下。

（1）客户名称、编号、等级；客户信用额度。

（2）客户付款及折扣率条件。

（3）负责开发此客户的客服人员资料。

（4）客户的配送区域。

（5）客户的收货地址。

（6）客户配送路径的顺序。

（7）客户所在地区适合的运输方式、车辆形态。

（8）客户配送要求。

（9）延迟订单处理方式。

第十三章　售后客服管理

导读 >>>

售后服务是企业保持或扩大市场份额的重要环节。没有售后服务，业务就无法长期、快速、蓬勃发展。最好的广告是客户为你做的，最差的广告也是客户为你做的。因此，做好售后服务很重要。

Q 女士：“A 经理，售后客服中很重要的一项工作是处理客户投诉，在处理客户投诉时，您有什么诀窍吗？”

A 经理：“要成功地处理客户投诉，首先要找到合适的方式与客户交流。客户在投诉时往往情绪激动，甚至会谩骂客服人员。对此要表示理解，这实际上是客户的一种发泄方式，客户最希望得到的是同情、尊重和重视，因此客服人员应立即向其表示歉意，并采取相应的措施。”

Q 女士：“明白了，在以后的工作中，我会注意的。”

第一节　售后客服的基本思路

261　树立售后服务观念

（1）售后服务是整个销售过程的重点工作之一。完善售后服务能够带给客户良好的购物体验，使客户成为店铺的忠实客户。

（2）要做好售后服务，客服人员必须树立正确的售后服务观念。商家应该建立一种“真诚为客户服务”的观念。

（3）售后服务很难做到让客户百分之百满意，但只要你真诚地为客户服务，相信一定会得到相应的回报。

（4）商家应该重视与客户交流的每一次机会。这是因为每一次与客户交流，都可以增进双方的了解。同时客户也会把他们认可的商家推荐给自己周围的人。

262　交易完成后及时联系客户

交易完成后，客服人员应主动联系客户，告知客户签收时的注意事项。

例如，商品快递到客户所在区域后，客服人员可以通过旺旺等聊天工具给客户留言，提醒客户及时签收（见图 13-1）。

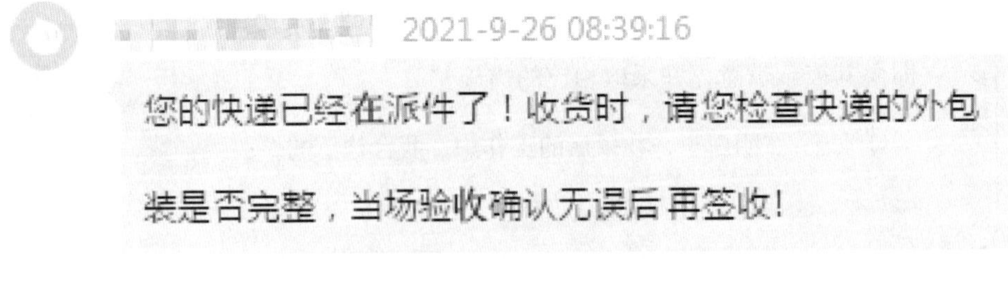

图13-1　客服人员聊天截图

263　交易结束后的评价

评价是交易结束后，客户对店铺和商品的看法。这也是潜在客户购买店铺内产品的一个重要参考依据。

好的评价能够增强客户购买信心。交易结束后，客服人员要及时提醒客户进行评价（见图 13–2）。

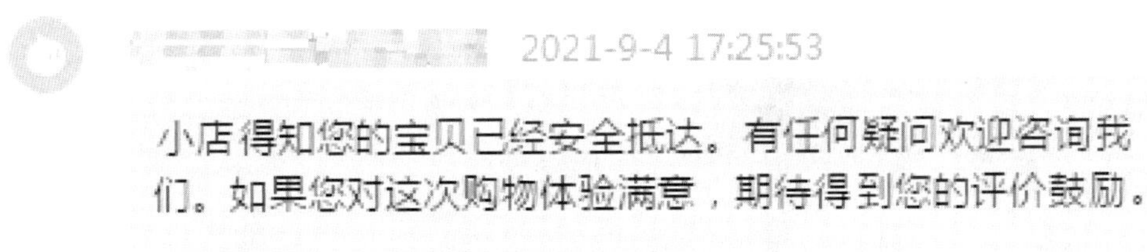

图13-2　客服人员聊天截图

评价还具有一个很重要的解释功能，如果客户对产品做出差评，客服人员应在客户的评价下面及时做出合理的解释。

264　不同客户不同备注

（1）客服人员应定期总结客户群体的特征，因为只有全面了解客户的情况，才能确保推荐的商品正好是客户需要的，从而更好地拓展自己的业务。

（2）客服人员应建立客户资料库，及时记录每位客户的联络方式。

（3）购买力强的客户应是客服人员的重点关注对象，维护好这些客户有助于提高店铺的效益。

265　维护好忠实客户

忠实客户所产生的销售额通常占店铺总销售额的较高比例，所以对于曾经购买过本店商品的客户，除了做好第一次交易服务，更要做好后续的维护，让他们成为店铺的忠实客户。

（1）客服人员可以定期向客户发送有针对性的、客户感兴趣的邮件和旺旺消息（见图 13–3）。切记频繁向客户发送信息，否则很可能引起客户的不满。

图13-3　客服人员发送推荐商品信息截图

（2）将忠实客户设定为VIP客户群体，在店铺内制定相应的优惠政策，如可以让他们享受新品优惠等。

（3）定期回访客户，与客户建立良好的客户关系。

第二节　普通售后处理

266　正常退换货处理

退换货是指客户在收到产品后，由于对产品的外形、颜色和款式等不满意，要求店铺在不低于原价格的基础上退换产品的过程。退换货可分为同款退换货和不同款退换货。

1. 退换货说明

对于退换货的规则和要求，店铺应在商品的详情页上做出详细说明，尤其要有运费说明。

2. 退换货原则

这里以淘宝网为例。对退换货争议的规定，卖家需要遵循以下六项原则。

（1）由于卖家原因导致退货不能完成的，交易做退款处理，运费由卖家承担。

（2）双方达成一致或淘宝网做出退货退款处理的交易，卖家收到退货后，淘宝网有权给买家退款。

（3）双方达成换货协议，但卖家未能换货，淘宝网有权给买家退款。

（4）跨境交易且最终确定为退货退款处理的，因卖家原因无法退货的，则交易不做退货退款处理。

（5）买家逾期未操作退货的，交易做打款处理。支付后，买家再次要求退货的须与卖家另行商议，淘宝网不做处理。

（6）商品在退货过程中发生损毁的，商品退回买家或买家无理由拒收，交易做打款处理。

3. 退换货凭证

买家在退换货时，卖家对买家退回的商品存在争议，卖家需要向买家提供凭证。常见凭证有聊天记录、物流公司出具的收到退货有问题的公章证明及快递单。

客服人员在处理客户正常的退换货申请时，一定要看清楚退换货的原因，确认是否已经达成协议，并在规定时间内同意申请，再将相关的信息发送给仓库，仓库在收到客户退回的商品后，确认商品不影响二次销售后再发货。

267　退款处理

退款是指商家发出商品后，客户在收到或未收到商品的情况下对商品不满意，要求退回产品并请求退还所消费金额的过程。

常见的退款处理方法如表13-1所示。

表13-1　常见的退款处理方法

常见问题	卖家处理方法	后续建议
货物有破损或漏发等问题	联系客户提供照片→与物流公司核实快递签收人→不是客户本人签收且没有客户授权，建议直接操作退款并联系物流公司索赔，避免与客户产生误会	（1）发货前质检到位 （2）与操作规范的物流公司进行委托服务 （3）提前预测送货过程中可能出现的货物破损、丢件由谁赔付

（续表）

常见问题	卖家处理方法	后续建议
与商品描述不符	核实商品的描述是否有歧义→核实是否错发→与客户协商解决（退货退款、部分退款或换货）	（1）确保商品描述无歧义 （2）确保发出的商品与客户订单信息一致
质量问题	联系客户提供实物照片→核实进货时商品质量是否合格→与客户协商解决（退货退款、部分退款或换货）	（1）选择质量好的货源 （2）进货后保留好相关凭证
收到假货	核实供应商资质→无法确认供应商资质，可以直接联系客户退货退款	（1）选择有保障的进货源 （2）进货后保留好相关凭证
退运费	核实订单运费、客服人员聊天记录等信息→如果有承诺或有超出订单的运费，退回给客户	及时更新运费模板，特殊情况须提前告知客户

268　普通维权的处理

普通维权是指客户在收货后，如果发现货物有问题且无法获得售后保障时，可以通过维权入口向电商平台发起维权。因此，售后客服人员要时时进行维权信息查询。不同的电商平台对维权的处理方式有所不同。

例如，淘宝网规定，卖家有3～5天的时间与买家协商处理，并在此期间对维权进行响应。因此，卖家一定要及时处理维权信息。同时，被维权方无法取消维权，只有通过维权方取消退款申请才能结束维权。如果客服人员没有及时处理，淘宝小二就会介入，判定维权是否成立。淘宝小二介入会对店铺造成很大影响。首先，这会影响卖家退款率，淘宝小二介入判定维权成立的，会计入卖家的纠纷退款率，而纠纷退款率＝（纠纷退款笔数 ÷ 支付宝成交笔数）×100%，这一数值一旦高于同类店铺的均值，就可能导致卖家店铺搜索不展示、消保保证金翻倍、直通车暂停推广14天等后果。其次，店铺还会受到相关处罚，扣分达到12分，店铺会面临屏蔽、限制发布商品及公示警告等处罚。

269　退差价、邮费的处理

在购买商品后的短时间内，商品若降价，客户可以和客服人员商量退返差价。对于差价退返，各电商平台没有硬性规定。

关于运费的退返，大多数情况是由于客户需要退换商品，退换前与卖家达成协议，先由客户垫付运费，等客户收到商品后，卖家再将运费退给客户。

例如，淘宝网的退运费有两种操作方式，一是直接由卖家向买家支付宝打款，二是买家在退货退款的售后页面中申请退款时扣除其垫付的运费。

270　回评邀请

交易完成后，客服人员需要主动给客户回以好评，并对客户的光临表示欢迎。

客服人员对客户进行评价之后，最好能主动邀请客户回评。

例如，“感谢您在本店购物！订单已顺利交付，如果您对本店的商品和服务满意，请给五星好评，如果您能抽出时间回复10字的好评或晒图，本店会奉上3元的好评返现。谢谢您的光临，期待您下次光临！”

第三节　特殊售后处理

271　特殊售后服务的特点

有的客户较难沟通，他们一般不会听取他人的意见。他们有时会直接拒绝解释，强行要求卖家按照自己的预想方案实施，几乎很少有回旋余地，但客服人员不能不顾自身利益一味让步，而应在熟悉规则的基础上尽自己最大的努力解决问题。

272　严重投诉、维权的处理

严重投诉、维权的发生是因为交易存在的争议较大，双方的争议点主要集中在发货、到货、换货、退款、退差价和转账到账等问题上。这些维权问题相对普通维权较难处理，原因是大多无法提供证据。沟通时若协调不成功，客户更愿意让电商平台介入。一旦投诉维权在电商平台确认成立，店铺将面临严重的处罚。

一般来说，造成客户严重投诉、维权的原因有以下三点。

1．恶意骚扰

恶意骚扰是指卖家在交易中或交易后采取恶劣手段骚扰买家，阻碍买家购买权益的行为。买家可以发起骚扰维权，若维权在电商平台确认成立，卖家店铺会受到扣分处罚。

2．违背承诺

违背承诺是指卖家拒绝向买家提供其所承诺的服务。

3．延迟发货

延迟发货是指卖家未在约定时间内发货。卖家发货时间以快递公司系统记录时间为准。延迟发货的卖家需要向买家赔付一定金额的违约金。

273　严重退款纠纷处理

严重退款纠纷是指买家申请退款之后，要求电商平台介入，无论电商平台怎样判决，都会产生退款纠纷，从而影响卖家纠纷退款率，同时店铺也会受到扣分处罚。

例如，在淘宝平台，如果卖家与买家就退款不能达成一致意见，无论是卖家还是买家发起淘宝小二介入，当淘宝小二判定卖家败诉时，这一笔订单就产生退款纠纷了。这样一来，店铺的退款纠纷率就会随之升高。因此，当买家申请退款后，售后客服人员应尽量与买家达成一致意见，避免买家要求淘宝小二介入的情况发生。即使买家申请淘宝小二介入，售后客服人员也要与买家多沟通，想办法促使买家撤销淘宝小二介入。

纠纷退款率是衡量店铺服务质量高低的指标之一。降低纠纷退款率是卖家努力的目标。那么，卖家如何降低纠纷退款率呢？具体措施如图 13–4 所示。

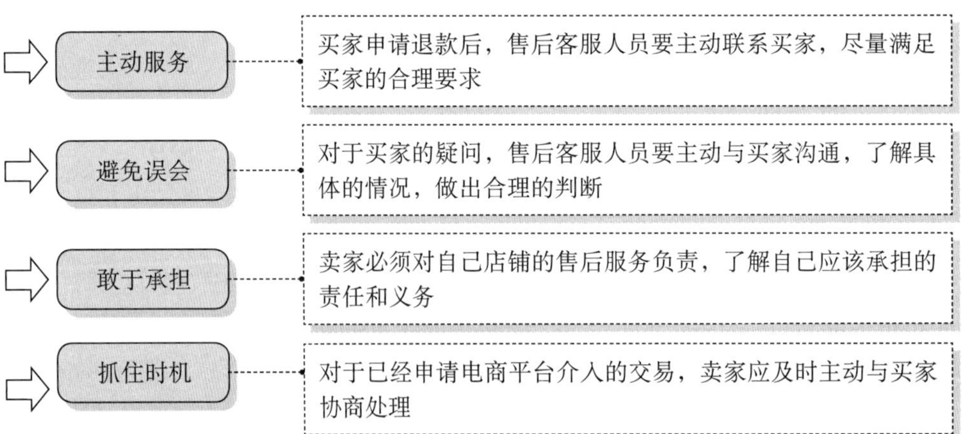

图13-4　降低纠纷退款率的措施

第四节　中差评处理

274　中差评处理流程

中差评处理流程如图 13–5 所示。

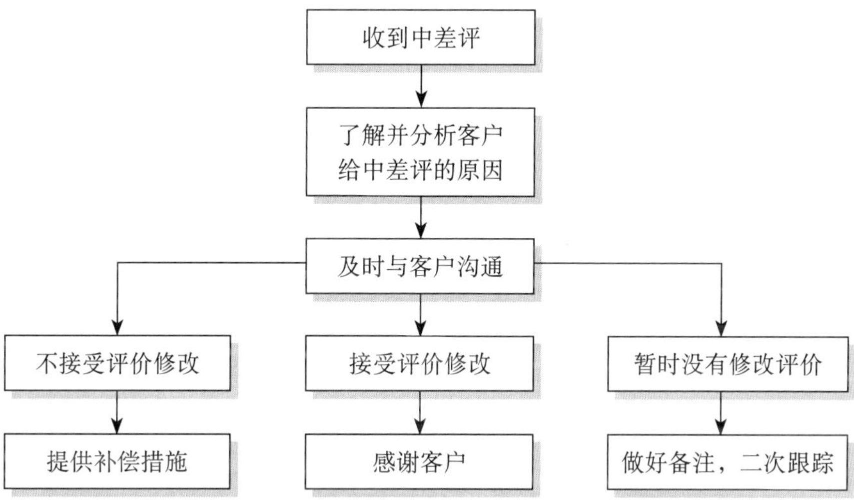

图13-5　中差评处理流程

275　时效性第一

时效性是指客服人员在短时间内获取新产生的中差评并第一时间联系客户了解原因。

在日常工作中，客服人员要不停地刷新交易列表，一旦有客户评价，就立即给予回评，然后刷新评价列表，找到新产生的中差评，立即登记相关信息，并分配给相应的售后客服人员，由其联系客户。

在客户给出中差评后，卖家如果在短时间内能获知并进行联系沟通，无疑解决效率是最高的，时间拖得越久，解决问题的可能性就越小，要提供的补偿可能越大，将客户挽救成回头客的可能性也越小。

276　分析中差评原因

收到了中差评，客服人员首先要了解中差评的内容、客户购买的货品、当时的聊天记录，以此来分析客户给中差评的原因。针对中差评，客服人员应该抱着积极的态度和客户沟通。另外，客服人员要了解店铺的售后处理方式，这样在与客户的沟通过程中才能有效地解决问题。

下面是某电商企业处理中差评的方案，供大家参考。

【实用案例】

不同原因导致中差评问题的解决措施

1. 运输中的货物破损问题

处理办法：请客户从多个角度拍摄产品存在质量问题的局部细节照片，将照片交由公司品质管理部门查看，并限三个小时内给予客户明确答复。

如果是运输中的货物破损问题，在不影响产品使用的情况下征得客户同意，给予客户该产品价格 10% ~ 30% 的金额补偿。为表示公司的诚意，客服人员可先向客户支付补偿金，然后诚恳地请求客户修改成 5 分好评。如果货物破损严重，可以请客户退货或换货，由卖方承担来回运费，如果客户退货，在收到客户发回的货物后，立即给客户退款，再请客户修改评价。

2. 产品质量问题

处理办法：请客户从多个角度拍摄产品存在质量问题的局部细节照片，将照片交由公司品质管理部门查看，并限三个小时内给予客户明确答复。

如果确定是产品在出货前产生的质量问题，可给予客户该产品价格 20% ~ 50% 的金额补偿。为表示公司的诚意，客服人员可先向客户支付补偿金，然后诚恳地请求客户修改成 5 分好评。

如果不属于出货前或运输时的产品质量问题，由客户承担退回运费，在收到货物时，由物流管理部进行质量检验，如果不影响第二次销售，可以签收，通知客服部给客户确认退款。如果产品影响第二次销售或与所售产品不符，那么须拍照存证后拒签，让快递公司将货物退回，并通知客服部上传照片证明，进入问题件处理流程。

3. 客服人员态度问题

处理办法：客服经理查询客服人员与客户的聊天记录，判定客户投诉的事情是否属实。如果是客服人员的责任，那么向客户致电赔礼道歉，给予客户 20 元现金赔偿，并对客服人员处以 20 元罚款。如果无法判定客户投诉的事情是否属实，那么也要向客户致电赔礼道歉，并给予客户 10 元现金抵用券。

277 沟通工具的选择

客服人员进行中差评售后处理时，在沟通工具的选择上，最好是用电话。这是因为在售后处理工作量较大的情况下，电话沟通的效率较高。

278 沟通时间的选择

客服人员在与客户沟通前，需要考虑具体的沟通时间。

客服人员可以根据客户的收货地址（单位收货地址），判断客户从事什么工作，然后在客户工作可能不忙的情况下致电客户。

279 沟通时机选择

若要求客户修改中差评，客服人员应先看客户的账号是否在线，若在就可以及时与其联系；若不在，就打电话与客户沟通。

280 沟通判断选择

售后客服人员在和客户的沟通过程中，要快速判断客户是否愿意撤销中差评，以留出更多的时间和精力去处理其他中差评。

经验丰富的售后客服人员运用沟通技巧能说服一部分客户撤销中差评，但不同的客户所面临的问题不同。因此，售后客服人员除了要掌握必要的沟通技巧，向客户承诺适当补偿也是很必要的。

例如，很多淘宝网卖家给售后客服人员规定的补偿标准是，给中评客户返 5 元优惠券、给差评客户返10元优惠券，还可以承诺给中差评客户送店铺会员等级、送礼品等。

客服人员如果发现客户对于补偿无动于衷、态度很坚决的时候，那么第一次沟通就不要拖得太久，而应尽快礼貌地结束，并记录该客户的性格特征或其他注意事项，以备作为后续联系的参考依据。

下面是某电商企业的客服人员处理中差评的沟通技巧，供大家参考。

【实用案例】

客服人员处理中差评的沟通技巧

1. 买家嫌补偿金额少，不肯修改中差评

客服人员：“真的非常不好意思，×× 先生/女士，因为这件衣服本身利润不是很多，如果补偿给您 ×× 元，那我们就没赚什么钱，店主也不会答应的，您看咱们各退一步，我补偿给您 ×× 元，您看行吗？我也是给老板打工的，如果是我自己的，我一定给您 ×× 元。您就帮我一个小忙吧，下次再来本店购物，我给您一个最低会员折扣。您看行吗？

2. 买家旺旺在线答应删除评价，但不知如何删除

客服人员：“您好，×× 先生/女士，我把删除评价的操作步骤发到您旺旺上，您按照我发给您的步骤删除了就行，再不会的话，我打电话教您。删除评价的步骤是进入淘宝网首页——单击‘我的淘宝’按钮——进入‘已买到的宝贝’页面——左边头像下面有一个评价管理——单击给‘他人的评价’按钮——找到您给我们的评价，直接删除就行。”

3. 买家认为购买的东西是假货，与实物不符

客服人员：“×× 先生/女士，首先我可以向您保证这批货是正品，因为我们的货都是同一个厂家生产的，如果是假货，您可以到淘宝网投诉我们，或者您也可以拨打12315电话举报。这批货之前都卖得很好，可能最近一两批产品升级了，存在一些改变，所以让您误以为是假货，还请您谅解。如果是假货，也不可能有那么多人购买，那么我们的店也不会开这么久，您说是吧？如果是因为质量问题，您可以退回来给我们，您看行吗？”

281 中差评数据分析

做好中差评数据分析是为了发现哪些问题经常出现，以便反馈给相关运营部门，以此形成良性循环。当然，中差评数据分析工作可以借助第三方网店管理软件来完成。一般来说，通过第三方软件可以：

（1）看出哪款商品出现的问题最多，商家可以有针对性地制定解决方案；

（2）了解售后客服人员每天的工作效率，以此作为衡量售后客服团队服务质量的指标；

（3）提供用于监测店铺运营风险的直观数据。

第五节 客户投诉处理

282 快速响应

当客户认为产品有问题时，一般会很着急，担心问题得不到解决。这时客服人员看到客户的咨询信息时要快速做出反应，同时要对客户提出的问题做好记录。针对不能马上解决的问题，客服人员要告诉客户："请稍等，我们会马上安排相关人员给您处理……"

面对客户提出的售后问题或投诉，客服人员要快速反应且态度谦卑有礼，不要让客户因为等待而更加急躁，使问题被无限扩大。

283 热情接待

如果客户收到产品后，有问题找客服人员反映，客服人员要热情地对待，这就会给客户留下好的印象。对于爱答不理的商家，客户会很失望，即使产品再好，客户也不会再次购买。

284 表示愿意提供帮助

当客户关注问题如何解决时，客服人员应热情地表示乐于为其提供帮助，这自然会让客户感到安全、有保障，从而进一步消除客户的顾虑，让客户更加信任你。

例如，客服人员可以说："我很愿意帮助您解决问题。"

285　引导客户的思绪

可能有的客服人员在向客户道歉时心里不开心，因为这似乎是在承认自己有错。其实，“对不起”或“抱歉”并不代表是客服人员或公司犯了错，而是表明你对客户不愉快经历的遗憾与同情。因此，客服人员不用担心客户因得到你的道歉而越发强硬，道歉只会将客户的思绪引向解决方案。同时，客服人员也可以运用一些方法来引导客户的思绪，从而化解客户的不满。

1.“何时”法提问

一个正在气头上的客户是无法进入“解决问题”的状态中的，因此客服人员首先要想办法平息客户的负面情绪。对于客户的抱怨，客服人员应当用一些“何时”类问题来缓和气氛。

客户：“你们不负责任，才导致了今天的烂摊子！”

客服人员：“您什么时候开始觉得我们的服务没能及时替您解决这个问题呢？”

2. 转移话题

转移话题就是当客户按照他的思路在不断地指责、抱怨时，客服人员可以转到别的话题上，从而缓和气氛。

客户：“你们这么做把我的生活给打乱了……”

客服人员：“我理解您的感受，您的孩子多大了？”

客户：“嗯……六岁半。”

3. 间隙转折

间隙转折就是暂时停止对话，特别是客服人员需要找有决定权的人做决定或变通的时候，此法很有效。

例如，“稍等，我先向领导请示一下，我们还可以怎样来解决这个问题。”

4. 给定限制

有时客服人员虽然做了很多尝试，但客户依然不依不饶。这时，客服人员可以采用较为坚定的态度给对方一定限制。

例如，“我很想帮助您。但您如果一直这样情绪激动，我只能和您另外约时间了。您看呢？”

286　耐心倾听

客户在投诉产品有问题时，客服人员不要着急去辩解，而要耐心地听清楚究竟是什么问题，然后记录客户的用户名及其所购买的产品，之后和客户一起分析问题原因，再有针对性地提出问题解决办法。

在倾听客户投诉的时候，客服人员不仅要听他表述的内容，还要注意他的语调与音量，这有助于了解客户的内在情绪。同时，客服人员要通过解释与确认，确保自己真正了解客户的问题所在。

例如，“刘姐，您看我是否理解了您的意思，您在一个月前购买了这款手机，但有时会无故死机。您已经到手机维修中心检测过，但检测结果表示没有任何问题。今天，您的手机又死机了，您很不满意，要求我们给您更换手机。”

作为客服人员，你要向客户询问：“您的意思是这样吗？”然后向客户解释他所表达的意思并让客户确认你的理解是否正确，这一做法是向客户表明你的真诚和对他的尊重。同时，这也给客户一个重申诉求的机会。

287　认同客户感受

客户在投诉时会表现出失望、愤怒、烦恼等各种情感，客服人员不应当把这些情感表现理解成是对你个人的不满。特别是当客户发怒时，你不能有这种想法：“我的态度这么好，凭什么对我发火？”要知道，人们愤怒的情感通常都会通过一个对象来发泄。

例如，你一脚踩在石头上，你会对这个石头发火，然后一脚将它踢走，尽管这不是石头的错。因此，客户仅仅是把你当成了他的发泄对象而已，并不是你真的有错。

客户在投诉中有愤怒情绪是完全可以被理解的，也理应得到重视。因此，客服人员要让客户知道你非常理解他的心情和关心他的问题。

例如，“王先生，我非常理解您现在的感受，我将尽快帮助您解决问题。”

无论客户的投诉是对是错，至少客户的情绪与要求是真实的，客服人员只有拥有同理心，才能真正了解客户的问题，从而找到合适的方式与客户交流，为成功地进行投诉处理奠定基础。

288　诚恳道歉

面对情绪较激动的客户，客服人员一定要先给予其适当的安抚。在面对客户投诉时，客服人员一定要诚恳地道歉，耐心地解释，请求客户的谅解。

1. 致歉时机

致歉不是不分时间的盲目行为，什么时候道歉、频率多久都是需要考虑的问题。客服人员在首次回答客户提出的问题时，可以先使用承诺性的话语，让客户不用着急，接着找到问题的原因并致歉，然后询问详情，如果客户在回答中依旧带有情绪，就需要再次致歉。

2．致歉话语

常用的致歉话语如表 13–2 所示。

表13-2　常用的致歉话语

耐心倾听	好的，我明白了
	我明白您的意思了
	×× 先生 / 女士，我非常理解您现在的心情
	您的问题我已经详细记录下来了，我非常理解您现在的心情
平息情绪	真的非常抱歉，还请您原谅
	对不起，给您造成不便，还请您见谅
	×× 先生 / 女士，听到您的反馈，我觉得非常抱歉
	发生这件事，我真的觉得十分抱歉，是我的工作没有做到位，我会全力解决这个问题

289　做出必要解释

客服人员要针对客户提出的问题给予相应的回答。当然，客服人员不能只站在自己的角度去回答客户的问题。

290　提出补救措施

对于客户的投诉，客服人员要及时提出补救措施，并且明确告诉客户，让客户感觉到你在为他考虑。一个及时有效的补救措施，往往能将客户的不满转化成对你的感谢和满意。

客服人员在提出补救措施时要注意以下三点。

1．为客户提供选择

通常一个问题可能有好几种解决方案，客服人员在接到客户投诉时最好多准备几种方案，让客户自己选择，这也是对客户的一种尊重。同时，客户自己选择的补救措施，在实施的时候就会更加认可和配合。

2．诚实地向客户做出承诺

因客户投诉的一些问题较复杂，客服人员或许不确信自己能够为客户解决，在这种情形下，客服人员就不能向客户做出任何承诺，而是要诚实地告诉客户，你会尽力寻找解决问题的办法，但需要一些时间。你一定要确保在约定的时间内给客户回话，即使到那时你仍然不能解决问题，也要向客户说明问题的进展情况，并再次约定答复的时间。诚实会让你更容易获得客户的尊重。

3. 适当地给予客户一些补偿

为弥补操作上的一些失误，很多企业会给客服人员一定的权限，以灵活处理此类问题。需要注意的是，客服人员在解决问题后，一定要改进自己的工作，避免今后再出现类似问题。有些处理投诉的部门单靠礼品补偿来解决投诉，并不能从根本上减少此类问题的发生。

291 告知客户并及时跟进

对于采取什么样的补救措施、现在的进展情况等信息，客服人员都应该主动告诉客户，让他了解你的工作，了解你为解决他的问题而付出的努力。客户发现产品有问题后，首先担心的是问题能否得到解决，其次担心的是需要多长时间问题才能得到解决，当客户发现补救措施及时有效，而且商家也很重视的时候，他就会很满意。

例如，客户的包裹到达目的地后长时间没有上门派送，客服人员答应客户给他催件，这时客服人员就要及时与快递公司沟通，要求其尽快派送，并告知客户具体的派送时间。

292 获得反馈

解决完客户投诉的问题后，客服人员应继续跟进，以获得客户的反馈，这样不仅能够体现出店铺的专业性，更能增加客户对店铺的好感度。

第十四章　客服人员沟通技巧管理

导读 >>>

一名合格的客服人员不仅要认真、诚实、热情地对待每一位客户，还要掌握良好的沟通技巧。

Q 女士：“随着互联网的发展，网购已普遍化，客户对网购的体验要求不断提高，而客服人员作为店铺和客户之间的唯一纽带，只有不断提高自身的专业知识和沟通技巧，才能让客户接受自己的产品。”

A 经理：“你说得不错，每个店铺每天会不间断地接待不同的客户。作为店铺和客户之间唯一的纽带，客服人员是直接影响店铺转化率的关键因素。一名合格的客服人员要了解客户的购买意愿、懂得巧妙地和客户沟通、引导客户购买商品。”

第一节　售前接待技巧

293　树立端正、积极的态度

树立端正、积极的态度对客服人员来说尤为重要。尤其是当售出的产品有问题时，不管是哪方（商家、客户、快递公司）的错，客服人员都应及时解决。客服人员应积极、主动地与客户沟通，及时了解情况，尽量让客户觉得他是受尊重、受重视的，并尽快提出解决办法。客服人员除了协助客户完成交易，还应该让客户感受到购物的满足和乐趣。

294　有足够的耐心和热情

客服人员常常会遇到一些喜欢打破砂锅问到底的客户，此时就需要有足够的耐心和热情，给予准确的回复，从而使客户对其产生信任感。客服人员绝不可以表现出不耐烦，就算客户不买你的产品也要说声“欢迎您下次光临”。

295　微笑待客

在客户服务工作中，微笑有着重要的意义。微笑服务是一种美德，是热情待客的表现。微笑是对客户最好的欢迎，微笑是与客户打交道的基本态度，也是工作成功的象征。

此外，客服人员可以多使用聊天软件中的表情符号，这能收到很好的效果。无论哪一种表情符号，都会将自己的情感信号传达给对方。

例如，“欢迎光临”“感谢您的惠顾”等都应该顺便加上一个微笑表情（见图 14-1）。

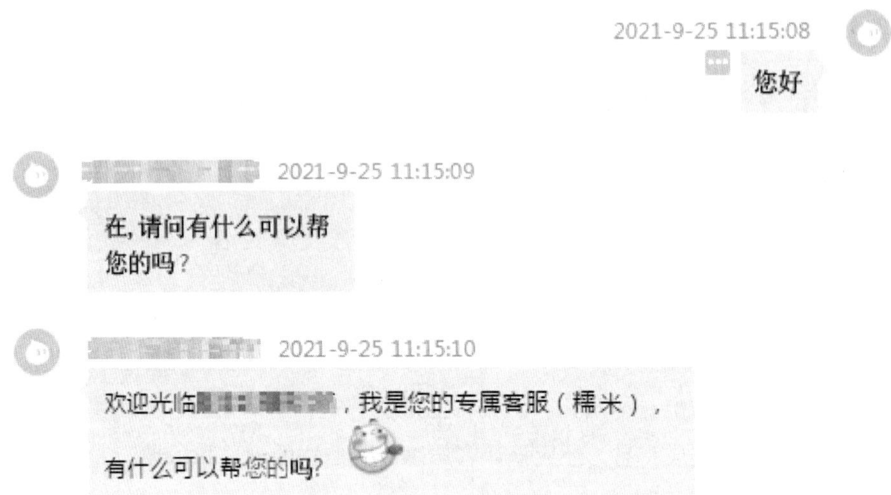

图14-1　客服人员与客户聊天截图

296　礼貌待客

客服人员的礼貌待客可以让客户真正感受到自己被尊重。客户来了，客服人员先来一句“欢迎光临，请多关照”，或“欢迎光临，请问有什么可以为您效劳的吗”，诚心诚意地“说”出来，会让客户有一种十分亲切的感觉，并且可以借此培养一下感情，这样客户的防备心理就会减弱或消失。

即使客户只是随便到店里看看，客服人员也要真诚地说：“感谢光临本店。”对于彬彬有礼的客服人员，谁都不会把他拒之门外的。

在沟通过程中，其实最关键的不是你说的话，而是你如何说话。

例如，“不行”和“真的不好意思”“嗯”和“好的，没问题”，都是前者生硬，后者更有人情味。“不接受见面交易”和“不好意思我平时很忙，可能没有时间和您见面交易，请您理解”，后者更能让人接受。

297　用语规范

1. 少用“我”，多用“您”

客服人员在与客户沟通中应少用“我”字，多用“您”或“咱们”等用语，让客户感觉你在全心全意地为他考虑问题。

2. 使用规范的用语

客服人员在与客户沟通的过程中，应多用“请”“您好”“请问”“麻烦”“请稍等”“不好意思”“非常抱歉”“多谢支持”“欢迎光临”“认识您很高兴”“希望在这里能找到您满意的宝贝”等用语。

客服人员平时要注意，说明同样一件事用不同的表达方式就会传递出不同的意思。很多沟通中的误会和纠纷就是因为语言表述不当而产生的。

3. 避免使用否定言语

客服人员在服务过程中，应避免使用否定言语，如“我不能”“我不会”“我不愿意”“我不可以”等。

（1）当客服人员说“我不能”时，客户的注意力就不会集中在你所能给予的解决方案上，他会集中在“为什么不能”“凭什么不能”上。

正确的说法是“看看我能够帮您做些什么。”

（2）当客服人员说“我不会做”时，就会让客户认为你在抵赖。

正确的说法是“我们能为您做的是……”

（3）如果客服人员对客户说“这不是我应该做的”，客户就会认为你拒绝帮助他解决问题，因此不再听你的任何解释。

正确的说法是“我很愿意为您处理。”

（4）当客服人员说“我做不了”时，就会让客户把注意力集中在你或你的公司不能做什么或者不想做什么上。

正确的说法是“我先这样做试试。”

（5）在客户服务的语言中，没有“但是”。

例如，“您穿这件衣服真好看！但是……”

不论你前面的语言表达得多好，如果后面出现了“但是”，就等于对客户前面所说的话进行了全盘否定。

（6）在客户服务的语言中，有一个“因为”：要让客户接受客服人员的建议，客服人员应该告诉他建议的理由，当商家不能满足客户的要求时，客服人员也要告诉他不能满足的具体原因。

第二节　针对性沟通技巧

298　针对产品了解程度的沟通

1. 对产品不了解

这类客户对产品不了解，对客服人员依赖性强。面对这样的客户，客服人员需要像对待朋友一样为其解答问题，多从他的角度考虑给他推荐产品，并且告诉他推荐这些产品的原因。对于这样的客户，客服人员的解释越细致，他就会越信赖你。

2. 对产品不够了解

这类客户对产品了解得不多，较主观，不容易相信客服人员。面对这样的客户，客服人员就要控制好自己的情绪，耐心地回答客户提出的问题，向他展示你丰富的专业知识，让他认识到自己的不足，从而增强对你的信任感。

3. 对产品非常了解

这类客户知识面广，自信心强，问题往往都能问到关键点上。面对这样的客户，客服人员在与客户沟通的过程中要展示出对客户专业知识的欣赏，表达出“好不容易遇到同行”，用亲切的口气和客户探讨专业知识，向客户提供内行的推荐，告诉客户“这个才是最好的，您一看就知道了”，让客户感觉到自己被当成内行。

299　针对价格要求不同的沟通

1. 不纠结价格的客户

有的客户听见客服人员说不能砍价就不再讨价还价。对待这样的客户，客服人员要表达自己的感谢，并且主动告诉他（她）店里有哪些优惠措施，会赠送什么样的小礼物，这样会让客户感觉物超所值。

2. 试探价格的客户

有的客户会试探性地询问能不能还价，如果店铺不支持议价也就不再还价了。对待这样的客户，客服人员既要坚定地告诉对方不能还价，也要态度缓和地告诉客户这款产品的价格物有所值，并且谢谢他的理解。

3. 要求讲价的客户

有的客户就喜欢讨价还价。对于这样的客户，客服人员除了要坚定地重申店铺的价格原则，还要有理有节地拒绝客户的要求，适当的时候建议客户看看其他产品。

300 针对产品要求不同的沟通

（1）有的客户因为买过类似的产品，所以对购买的产品质量有清楚的认识。对于这样的客户，客服人员是不需要费多大的心思就能够与之很好地沟通。

（2）有的客户将信将疑，会问："产品图片和实物是一样的吗？"对于这样的客户，客服人员要耐心地解释，在肯定店铺内的产品是实物拍摄的同时，提醒对方实物难免会有色差等，让客户有个思想准备，不要把产品想象得过于完美。

（3）有的客户非常挑剔，在沟通时会反复地问："有问题怎么办，怎么找你们……"这时客服人员就要意识到这是一个追求完美主义的客户，除了要实事求是地向客户介绍产品，还要实事求是地将产品可能存在的问题告诉客户。

第三节 说服客户的技巧

301 调节气氛，以退为进

在说服客户时，客服人员首先应该想方设法地调节谈话的气氛。如果客服人员和颜悦色地用提问的方式来代替下命令，并给人以维护自尊和荣誉的机会，气氛就是友好而和谐的，说服客户也就比较容易。

302 争取同情，以弱克强

渴望同情是人的天性，如果客服人员想说服比自己强的客户，可以弱者的状态出现，以争取客户的同情，从而以弱克强，达到解决问题的目的。

303　消除防范，以情感化

一般来说，客服人员在说服客户时，双方都会产生一种防范心理。这时，客服人员要想说服客户，就要先消除客户的防范心理。如何消除客户的防范心理呢？从潜意识来说，防范心理的产生是一种自卫，也就是人们把对方当作假想敌人时产生的一种自卫心理，那么消除防范心理的最有效方法就是反复向客户暗示，表示自己是朋友而不是敌人，自己是来帮助他解决问题的而不是来制造麻烦的。暗示的方式包括嘘寒问暖、给予关心、表示愿意提供帮助等。

304　投其所好，以心换心

站在对方的角度分析问题、提出解决方案，能给他人一种为他着想的感觉，这种投其所好的技巧常常具有极强的说服力。客服人员要加强对客户的了解，以便有针对性地推荐产品、解决客户投诉等。

305　寻求一致，以短补长

对于习惯顽固地拒绝被他人说服的客户，如果客服人员一开始就提出问题，是绝不能打破他“不”的心理的。面对这类客户，客服人员首先要努力寻找与客户一致的地方，先让客户赞同你偏离主题的意见，从而使客户对你的话题感兴趣，然后再想办法引入你的话题，最终取得客户的同意。

第四节　应对议价的技巧

306　较小单位报价法

较小单位报价法是以同种商品最小包装单位来报价。这种报价方法能满足客户在不同场合下的需要，利用了客户心理上的错觉，即小包装的价格“便宜”。客服人员应根据店铺的具体情况，以较小的单位进行报价。

307　证明物有所值

无论出于什么原因，客户都可能对产品价格产生异议，通常会认为产品价格比他想象的要高得多。这时,客服人员必须证明产品的价格是合理的。较好的办法就是多介绍产品在设计、质量和功能等方面的优势。客服人员可以运用说服技巧，向客户详细地介绍产品的各种优势，并向客户说明其购买该产品后可获得的好处。客服人员不要以为价格低了客户一定会买。大幅度的降价容易使客户对产品的质量产生怀疑，认为它是有缺陷的，或者是滞销品。有时候，适时提高产品的价格才可能打开销路。

308　适当让步

在讨价还价的过程中，买卖双方通常要做出一定的让步。作为客服人员，如何适当地让步则是关系洽谈成败的关键。

就常理而言，每一个人都希望在讨价还价中得到好处，但并非所有人都是贪得无厌的，多数人是只要得到一点好处就会感到满足。

基于以上分析，客服人员在洽谈时要在小事上做出让步，使客户感到已得到优惠。

例如，增加或替换一些小零件时不需要客户支付费用，这样做不仅不会因小失大、引起客户反感反而可以增进双方的友谊。

309　分摊商品的价格

为了消除价格障碍，客服人员在与客户的洽谈中可以多采用比较法。比较法通常是拿所推销的产品与另一种产品的价格相比，以说明该产品价格的合理性。在运用这种方法时，如果能找到一个很好的角度来引导客户，效果就会非常好，如把产品的价格与日常支付的费用进行比较等。

例如，客服人员可以这样解释其所销售产品的价格：这台扫地机器人的价格是 2 000 元，但它的使用期限是 10 年，也就是说，你每年只需要花 200 元，每月只需要花 16 元左右，每天花不到 6 角。考虑到它为您节约了多少清洁卫生的时间，6 角算什么呢?

310　婉转回绝

客服人员在彼此能够接受的范围内可以做出适当的让步，如果不能接受要婉转地回绝。

例如，客服人员可以说“真的很抱歉，没能让您满意，我会努力改进”，或者引导客户换个角度来看这款产品，让他感觉物有所值，他就不会太在意产品价格了。

311　使客户有满足感

与客户“挤牙膏”似的一点一滴地讨价还价，是非常有必要的。

首先，客户会相信店主说的都是实话，他确实买了便宜货；同时也让客户相信店主的态度是认真的，不是产品质量不好才让价，而是因为竞争压力太大才被迫降价，这样客户会产生买到货真价实的产品的感觉。与客户讨价还价，不仅仅是为了卖个好价钱，同时也使客户觉得赢了对手，获得了便宜，从而产生满足感。假如客户轻而易举地就把产品价格压了下来，其满足感会很低，而且他很有可能会再压价。

312　不要一开始就亮底牌

有的客服人员在与客户讨价还价的过程中不讲究价格策略，洽谈一开始就把最低价抛出来，并煞有介事地说：“这个是最低价了，不能再便宜了！”

这种做法的成功率是非常低的。这是因为在洽谈的初始阶段，客户是不会相信客服人员会报最低价的。此时若想谈成交易，客服人员也只能把价格降到最低。

313　采取多次降价

有些客户有讨价还价的习惯，即使客服人员已经给他报了最低价格，他仍会要求降价。对于这类客户，在讨价还价过程中客服人员要有耐心，要多花点时间，每次控制好降价幅度，而且每降一次价格就要说一次“又亏了”。这样价格降个两三次，客户也就满足了。

314　善于纠正客户指出的产品瑕疵

客服人员在与客户沟通的过程中，经常会遇到一些武断型的客户。这些客户会通过找出产品有瑕疵的方式来达到砍价的目的，即便产品是完美的，他们也会找出一些产品缺点来作为讨价还价的筹码。在这种情况下，客服人员要诚心诚意地做出合理解释，这样就能打消客户讨价还价的借口，促使他们接受商家规定的价格。

315　积极引导客户多拍产品

客服人员经常会遇到一些客户通过购买多件产品的方式来要求打折，这类要求打折的客户是很难应付的。客户购买多件产品要求打折是可以理解的，也是在情理之中的，客服人员要根据店铺的规定灵活应对，能拒绝打折的就拒绝，能接受打折的就接受，同时要尽量做到利润最大化。

客服人员要善于应对购买多件产品要求打折的客户，同时要懂得引导这类客户多购买产品。积极引导的方式有多种，如可以提出购买10件以上产品打9.5折。这些折扣条件如果足够有吸引力，客户是没有理由拒绝的。

如果店铺规定购买多件产品不能打折，客服人员就要明确告诉客户。如客服人员可以对客户说价格是全国统一的，不能随便更改。不管采取哪种沟通方式，关键是要明确表达自己的态度，不能含糊其辞。

316　坚守价格底线

面对客户的讨价还价，客服人员在洽谈中要坚守价格底线。客服人员要告诉客户，公司已经对产品质量进行严格把关，质量绝对有保证，但价格是不能降的。客服人员在陈述这些理由时，态度要坚决。

下面是客服人员面对砍价的买家的处理方案，供大家参考。

【实用案例】

如何应对砍价的买家

情景一：

客服人员：对不起！这款产品不能再降价了，这是我们的底线。

买家：这件产品其他的什么都好，就是颜色不太好看，能不能便宜点儿？

客服人员：紫色是永远都不会过时的颜色，可能是您不喜欢紫色。这款产品还有其他颜色，您可以放心购买，只是价格不能再低了，请您理解。

买家：那我就看看其他颜色。

情景二：

客服人员：这是这款手机的最低价格。

买家：听说这款手机容易黑屏，有这样的缺陷还不给便宜点儿？

客服人员：您说的是这个品牌手机的第一代产品吧？现在已经是第三代了，您说的那个缺陷完全不存在了！亲可以放心购买，但价格确实不能再便宜了，希望您理解。

买家：好。

情景三：

买家：这套茶具真的不打折吗？

客服人员：不好意思。这套茶具是特供的，不打折。

买家：你就给我打个折吧！如果打折的话，我买两套。

客服人员：说实话，您买两套，我们也是没办法打折的，不过可以送您一些礼品。如果您拍两套，我们可以赠送您一个价值 50 元的品牌大礼包。

买家：那我就买两套，一套送人，一套自己用。

情景四：

买家：这个产品我多买几个，你就给我打个折吧。

客服人员：多拍几个我们也不能打折，只能送您一些礼品。如果您真想享受打折优惠，就可以选择购买包括这款产品在内的成套产品，我们可以给您打九折。

买家：那我就成套买吧，反正这些配件早晚也得买。

第五节　促成交易的技巧

317　利用“怕买不到”的心理

人们对越是得不到、买不到的东西，往往就越想得到它、买到它。客服人员可以利用“怕买不到”的心理来促成客户下单。当客户已经有明显的购买意向但还在犹豫时，客服人员可以用以下说法来促成交易。

“这是我们店的畅销款，经常脱销，现在这批只剩两件了，喜欢的话赶紧买。”

“今天是优惠价的截止日，请把握良机，明天您就享受不到这种折扣价了。”

318　利用“早点到手”的心理

大多数客户希望在付款后能尽快收到产品，所以当客户已有购买意向但还在最后犹豫时，客服人员可以告诉客户：“下单后立即发货。”

例如，“如果真的喜欢的话就赶紧下单吧，快递公司的人再过 10 分钟就要来了，现在支付成功的话，马上就能为您寄出，您明天就可以穿上这件衣服了。”

319　让客户“二选一”

当客户发出购买信号但又犹豫不决时，客服人员可以采用“二选一”的方法来促成交易。

例如，客服人员可以说：“请问您需要第 14 款还是第 6 款？”或者说：“请问是平邮给您还是快递给您？”

这种“二选一”的方法其实就是客服人员帮客户拿主意，下决心购买。

320　帮准客户挑选

许多准客户即使有购买意向，也不会迅速下单，而是在产品颜色、规格、样式上有所犹豫。这时客服人员要改变策略，暂时不谈订单的问题，转而热情地帮助客户挑选产品的颜色、规格、样式等，一旦上述问题得以解决，客户下单就水到渠成了。

321　巧妙反问

当客户向客服人员咨询某种产品而店里正好没有时，客服人员可以运用反问的方式来促成交易。

例如，客户问：“这款产品有金色的吗？”这时客服人员不能回答说没有，而应该反问道：“不好意思，我们库里暂时没有金色的，不过我们有玫红色、黑色、紫色和蓝色的，这几种颜色非常畅销，您喜欢哪种颜色呢？”

322　积极推荐

当客户拿不定主意需要客服人员帮助其推荐的时候，客服人员可以尽可能多地推荐符合客户要求的款式，在发给客户的每个产品链接后说明推荐的理由。

例如，“这是刚到店的新款”“这款是今年最受欢迎的款式之一”“这款是最畅销的，经常脱销”等，以此来促成交易。

第六节　与客户沟通技巧

323　凡事留有余地

在与客户的交流中，客服人员不要用肯定、保证、绝对等词语。因为客户在购买商品的时候都会有特定期望，如果客服人员满足不了客户的期望，客户可能会很失望。

例如，每个人的肤质不同，销售化妆品的商家能保证自己的产品在几天或一个月内一定能达到客户想象的效果吗？还有，出售的产品在运输过程中，能保证快递公司不误期吗？不会被丢失吗？不会被损坏吗？

因此，为了不让客户失望，客服人员最好不要轻易地向客户保证。在与客户沟通时，客服人员最好使用尽量、争取、努力等词语。

324　多为客户着想

客服人员应处处为客户着想，用诚心打动客户。客服人员应站在客户的立场上，想客户之所想。

325　多听客户心声

当客户咨询时，客服人员并不能马上判断出客户的来意与其所需要的物品，所以需要先问清楚客户的意图，以及其需要产品的细节，如产品是送人还是自用，若是送人，是送给什么样的人等。了解清楚情况后，再向客户介绍适合的产品，满足客户需求。

当客户表现出犹豫不决或想法不明朗时，客服人员应先问清楚客户困惑的原因，如果客户不能清楚地表述其困惑的原因，客服人员可以先把自己的理解告诉客户，并询问客户自己的理解是否正确，然后再针对客户的困惑给予解答。

326 多检讨自己

客服人员在遇到问题时，要先分析自己有什么做得不到位的地方，并诚恳地向客户检讨自己的不足。

例如，有些内容明明有详细介绍，可是客户没有看到，这时客服人员不能一味地指责客户，而应该先反省自己有没有及时地提醒客户。

327 多理解客户

当客服人员理解不了客户的想法时，不妨多问问客户是怎么想的，然后站在客户的角度想问题。

328 多体谅客户

当客户表达不同意见时，客服人员要力求体谅和理解客户，用“我理解您现在的心情”或“我也是这么想的”来表达你的理解和关心，这样客户能感受到你在替他着想，同样他也会站在你的角度考虑、处理问题。

329 保持相同的谈话方式

面对不同的客户，客服人员应该尽量使用和他们年龄、身份等相同的谈话方式来交谈。如果对方是个年轻的妈妈在给孩子挑选产品，客服人员应该站在母亲的立场考虑孩子的需求，这样更能得到客户的信任。

如果客服人员常常使用网络语言，但是客户对此不理解，就会感觉和你有交流障碍。因此，客服人员应针对不同的客户，采用不同的交流方式。

330　对客户表示感谢

在客户支付货款后，客服人员应该衷心地对客户表示感谢，谢谢其配合自己的工作。

第七节　售后服务技巧

331　引导客户说出他的疑问

有不少客户无法清晰地表述自己遇到的问题，这时客服人员应对客户加以引导。

例如，客户遇到产品质量问题，却又说不出具体的问题，客服人员就可以询问客户是产品材质的问题，还是其他问题，待客户回答后，才可以有针对性地解决客户的问题。

332　提出解决方案，挽留客户

通过引导，客服人员能够有针对性地解决客户提出的问题。客服人员要先与客户进行沟通，向其解释出现某一问题的原因，并给出第一解决方案，然后看客户是否同意这个方案，若客户不同意，就要进行进一步的沟通。

需要注意的是，客服人员不能第一时间就让客户退换货，即使客户自己提出退换货，客服人员也不能第一时间答应，而是要尽可能地挽留客户，否则会影响店铺的销售业绩。

333　通过沟通，让双方做出让步

客户在否定客服人员给出的解决方案时，通常会提出自己的方案，如果客户的方案不合理，那么客服人员就要跟客户“讨价还价”。在这个过程中，客服人员不要一下子就被“砍价”，而要通过解释促成双方做出让步。

例如，客户态度很强硬，这时客服人员可以通过赠送优惠券、红包等方式促使客户做出让步；如果客户不让步，那么可以让他申请退换货。

334　引导客户给予好评

如果客户同意客服人员提出的解决方案，那么这个订单交易成功的话，客服人员要根据客户之前的态度，决定是否跟客户沟通请其给予 5 星好评。如果客户之前的态度不是很友好，那么就等订单自动收货默认好评。

335　好评一定要回复

如果客户在收到货后主动给予店铺好评，客服人员要及时感谢客户的评价，这样客户看到后心理上也会有一种满足感和认同感。

336　货物在运输过程中损坏要先补偿客户

运输过程中出现的货物损坏虽然原因不在买卖双方，但是客服人员一定要先补偿客户，这样客户才会理解你、支持你。

337　适时给予客户关心

客服人员可以加客户为好友，然后适时地向其发问候信息。经常性的问候能让客户感受到你的关心，当他有需要的时候，自然会在你这里购买。

338　平和的心态处理客户投诉

再完善的服务，也难免有疏漏和不周之处；再好的产品，也有需要完善的地方。面对客户的投诉，客服人员应以平和的心态来处理。

第十五章　客服人员绩效管理

导读 >>>

有许多人认为绩效管理是人力资源部门的工作，这样理解是错误的。绩效管理不仅是人力资源部门的工作，而且是企业各部门、各级管理者及员工的共同责任。

Q 女士：“A 经理，对客服部门的员工来说，有必要进行绩效考核吗？”

A 经理：“当然有必要。通过绩效考核，能客观、公正地评价员工的工作业绩、工作能力及工作态度，促使员工不断提高自身能力，从而提升企业的整体运行效率和经济效益。另外，绩效考核也能为员工的薪酬决策、培训规划、职位晋升和岗位轮换等人力资源管理工作提供决策依据。”

Q 女士：“嗯，原来绩效考核这么重要啊！那我们该怎样做好客服人员的绩效考核工作呢？”

A 经理：“这就需要从绩效管理规划做起。”

第一节　绩效管理规划

339　什么是绩效管理

绩效是成绩与成效的综合，是对应职位在一定时期内的工作行为、方式、结果及其产生的客观影响。在企业中，绩效通常被用于评定员工工作完成情况、职责履行程度和成长情况等。

绩效管理是一个不断进行的业务循环管理过程，即首先明确企业需要做什么（目标和计划），然后确立衡量工作做得好坏的指标与标准，并进行监测（构建指标与标准体系并进行监测），通过管理者与被管理者的双向沟通，将目标层层向下分解（辅导、沟通），对做得好的（绩效考核）进行奖励（激励机制），使其继续保持，或者做得更好，能够完成更大的目标。更为重要的是，通过绩效监测能发现做得不好的地方（经营检讨），可据此进行分析并找到问题所在，帮助员工进行改正（绩效改进），使员工做得更好。

340　绩效管理的三个层面

绩效管理是一个系统工程，其包括三个层面：组织绩效、流程绩效和个人绩效（见表15-1）。

表15-1　绩效管理的三个层面

层面		说明
第一个层面	组织绩效	组织绩效是指企业在某一时期内组织任务完成的数量、质量、效率及盈利情况，对其评价需要确定一定的指标，如数量、质量、时间和成本。例如，成本下降10%、年销售环比增长20%、利润率提升20%、市场占有率比上一年提高15%等
第二个层面	流程绩效	流程是指为达到特定的目标而由不同的人共同完成的一系列活动，包括实际工作过程中的工作环节、步骤和程序。流程绩效管理的目的是通过建立科学、合理的指标体系，监控流程绩效，运用分析方法，展现业务出现问题的根本原因，并在以后的工作中加以改进。实施流程绩效管理

（续表）

层面		说明
第二个层面	流程绩效	需要企业建立一整套管理制度，包括保证基础数据及时性和准确性的日清日结管理制度，各种例会的程序和决策制度，拟制、审核、分发、反馈各种信息、报表、报告的制度
第三个层面	个人绩效	个人绩效管理的目的是促使员工努力工作，以达到其工作岗位的要求，内容一般包括员工绩效计划、绩效辅导、绩效评估及结果运用（培训和发展、激励）等

绩效管理的重要工作之一就是将企业的战略目标逐级分解到各部门、各业务流程和各岗位人员，当每一个级别、每一个环节和每一个层面的绩效管理工作形成一个有机的整体时，整个企业就会有良好的绩效表现。

341　相关部门和人员在绩效管理中的分工

相关部门和人员在绩效管理过程中的分工如图 15-1 所示。

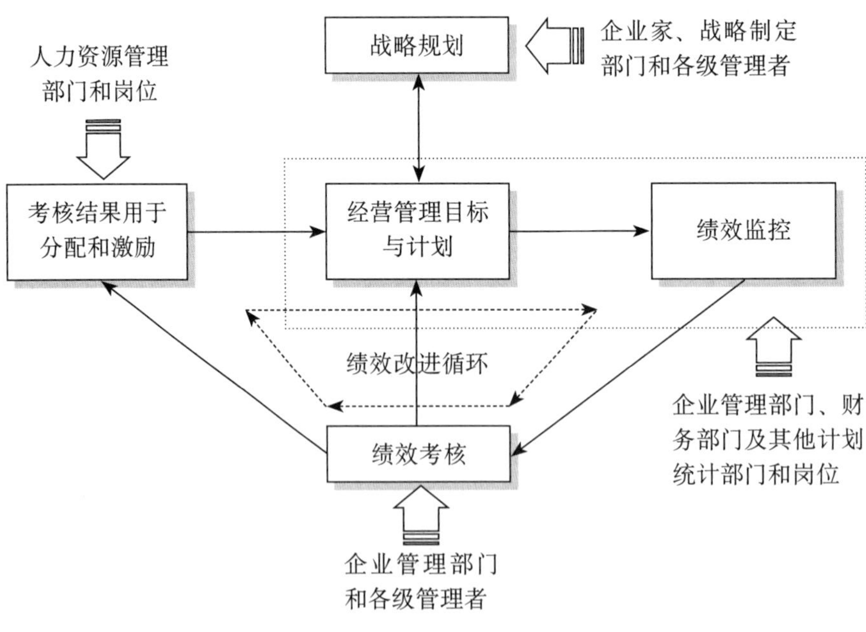

图15-1　相关部门和人员在绩效管理中的分工

342 管理者在绩效管理中的责任

管理者在绩效管理中的责任如表 15-2 所示。

表15-2 管理者在绩效管理中的责任

类别	主管责任	主管能力
行为	(1) 保证员工有工作做 (2) 按要求的标准去做 (3) 在规定的时间内完成 (4) 使工作趋于熟练化	(1) 分析工作的要求和员工能力 (2) 分析员工的个人能力是否达到工作要求 (3) 向员工阐明工作的要求，向其传授具体的知识和技能 (4) 检查工作过程中给予员工支持
结果	(1) 保证目前的绩效令人满意 (2) 分析绩效低下的原因 (3) 激发员工提高自身技能和水平的动机 (4) 为员工的学习和发展创造更多的机会	(1) 明确规定员工应达到的绩效水平 (2) 分析员工在工作中出现问题的原因 (3) 通过提供正确的支持和适度的挑战，使员工得到提升 (4) 和员工一起总结经验，使他们从中获取最大的益处
职业生涯	(1) 挖掘员工的潜力 (2) 对员工职业生涯的抉择提出建议 (3) 帮助员工做出恰当的选择 (4) 支持员工达到预期目的	(1) 了解员工内在需求和动机 (2) 如实地评价员工职业发展愿望与自身能力是否匹配 (3) 在本企业内和就业市场中，为员工的职业生涯发展制定实施策略

343 员工在绩效管理中的责任

(1) 明确自己的绩效责任与目标（做什么、为什么做、结果是什么）。

(2) 参与绩效目标、计划的制定（组织的要求、目标必须达成的理由）。

(3) 寻求领导的支持与所需资源（责权、费用、工具和渠道等）。

(4) 及时得到领导的评价、指导。

(5) 获取对绩效低下解释的机会（消除误解、解释原因）。

344　绩效考核小组的构成

绩效考核小组应由直接上级、同事、被考核者本人、被考核者下级和外部人员组成（见图 15–2）。

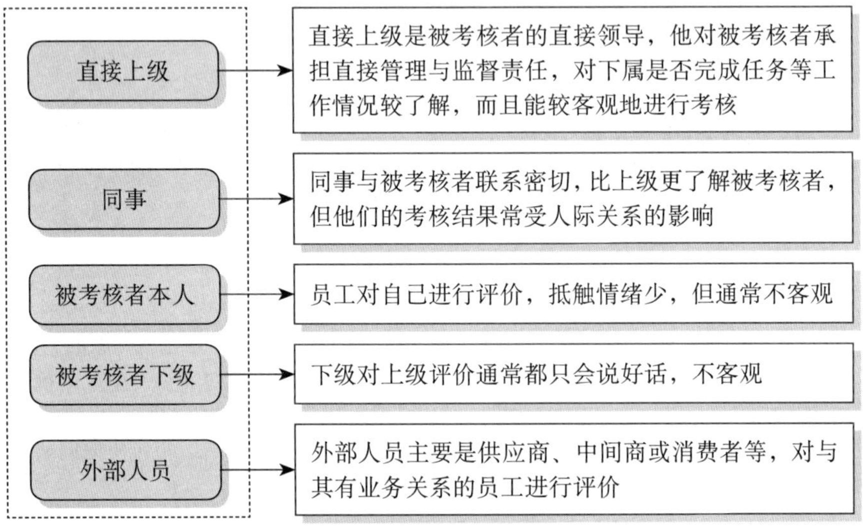

图15–2　绩效考核小组的构成

345　绩效考核方法的确定

绩效考核方法有相对评价法、绝对评价法、描述法和目标绩效考核法等，具体选用哪种方法要看所在企业属于哪个行业及规模大小等。

1. 常用的绩效考核方法

常用的绩效考核方法有以下四种。

（1）强制分布法。强制分布法是根据正态分布原理，即俗称的“中间大、两头小”的分布规律，对员工进行归类。这种方法要求预先确定评价等级及各评价等级所占的比例，具体操作时，要求考核人员将一定比例的员工归入事先定好的各种不同级别，如卓越、优秀、达标、还需改进、很差等。

强制分布法的优劣势如图 15–3 所示。

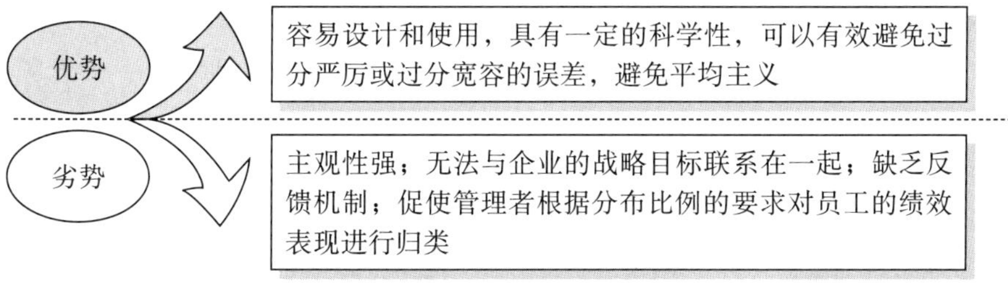

图15-3 强制分布法的优劣势

（2）行为锚定等级考核法。行为锚定等级考核法是一种通过建立与不同绩效水平相联系的行为锚定对绩效进行考核的方法。它通过收集大量代表工作中的优秀和无效绩效的关键事件来确定每一关键事件所代表绩效水平的等级，以此作为员工绩效的锚定标准。

行为锚定等级考核法的优劣势如图 15–4 所示。

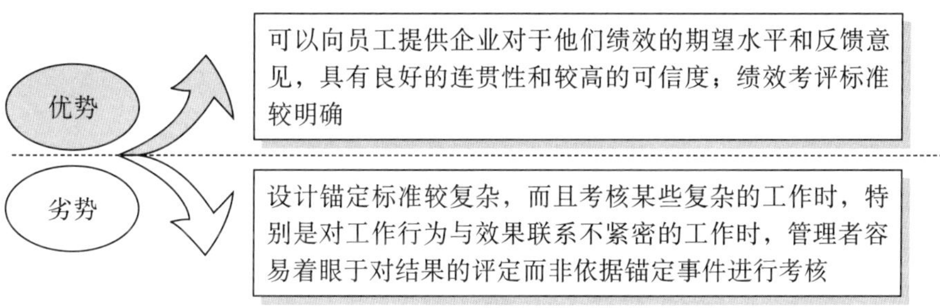

图15-4 行为锚定等级考核法的优劣势

（3）目标管理法。目标管理法是以目标的设置和分解、目标的实施及完成情况的检查和奖惩为手段，以目标为导向进行自我管理来实现企业经营目标的一种管理方法。

目标管理法的优劣势如图 15–5 所示。

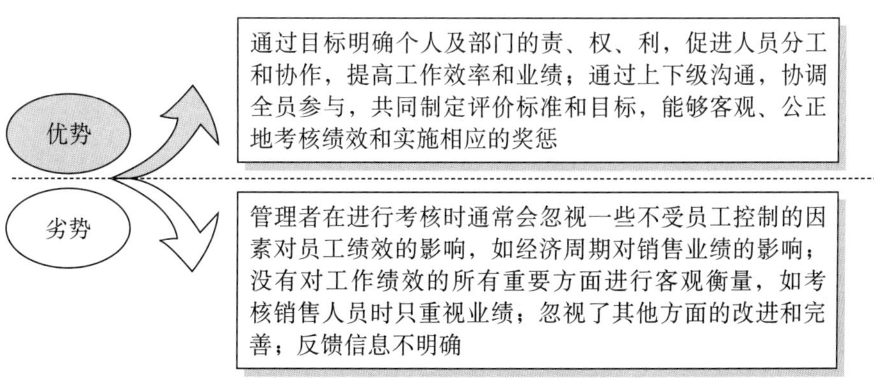

图15-5 目标管理法的优劣势

（4）360 度全方位绩效考核体系。360 度全方位绩效考核体系是由与考核者有密切关系的上级领导、下属、同级同事和外部客户分别对其进行匿名评价的一种体系。分管领导再根据评价意见和评分，对比被考核者的自我考核向被考核者提供反馈，以帮助被考核者提高其能力水平和业绩。

360 度全方位绩效考核体系的优劣势如图 15-6 所示。

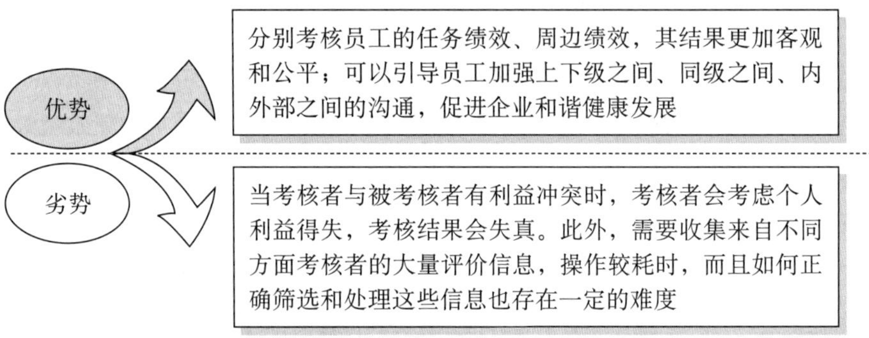

图15-6　360度全方位绩效考核体系的优劣势

2. 绩效考核方法的选择

通常来说，企业在选择绩效考核方法时可以从以下三个角度考虑。

（1）从绩效考核方法本身的特性考虑。强制分布法强行将员工的绩效分为卓越、优秀、达标、还需改进和很差五个等级，这种方法适用于员工多的企业或部门，员工少的企业采用这种方法的效果较差。

（2）从不同岗位的特征考虑。通常来说，基层的工作岗位较固定，工作职责较简单，绩效标准较清晰，用目标管理法或强制分布法来考核较合适。

（3）从绩效考核的操作成本考虑。量化评价的考核成本通常要高于定性评价的成本，但定性评价又会因为信息传递过程中的失真而增加管理运作成本和组织成本。另外，绩效考核的成本与企业规模的大小也有一定的关系，所以要综合考虑。

346　绩效考核周期的确定

企业在确定绩效考核周期时，要考虑考核目的、考核对象的职务、奖金发放的周期等因素。只有综合考虑各类因素，才能设计出符合企业实际的绩效考核周期。

1. 根据考核目的确定绩效考核周期

不同的考核目的，其考核间隔的时间是不一样的，具体说明如表 15-3 所示。

表15-3　不同考核目的考核周期

序号	考核目的	考核周期
1	试用期满转正	以试用周期为准，如试用期为一年，则周期为一年；如试用期为三个月，则周期为三个月
2	绩效薪酬的发放	可按年、季度或月发放
3	明确奖励资格	与奖励周期一致
4	能力开发调动配置	按年连续考核
5	续签聘用合同	在合同期限内按年考核

2. 根据员工的职务类型确定绩效考核周期

（1）基层操作类员工的绩效结果有时当天就可以看到，所以绩效考核周期应尽量短一些。

（2）管理类和技术类员工出成果的周期相对长一些，所以绩效考核周期应相对长一些。

3. 根据考核的工作量确定绩效考核周期

如果绩效考核的工作量大，绩效考核周期很短，其考核质量就很难保证，这时应将绩效考核周期设计得长一些。

4. 根据绩效目标的完成周期确定绩效考核周期

对一些项目管理者来说，要根据项目的完成周期确定绩效考核周期。

5. 根据薪酬的发放周期确定绩效考核周期

如果企业每半年或每年发放一次奖金，那么绩效考核周期要与奖金发放的时间相对应。

第二节　绩效考核指标设计

347　什么是绩效考核指标

绩效考核指标是指通过明确绩效考核目标的单位或方法，对员工完成指定工作业绩的判断标准。

348　绩效考核指标的设计步骤

绩效考核指标的设计步骤如图 15-7 所示。

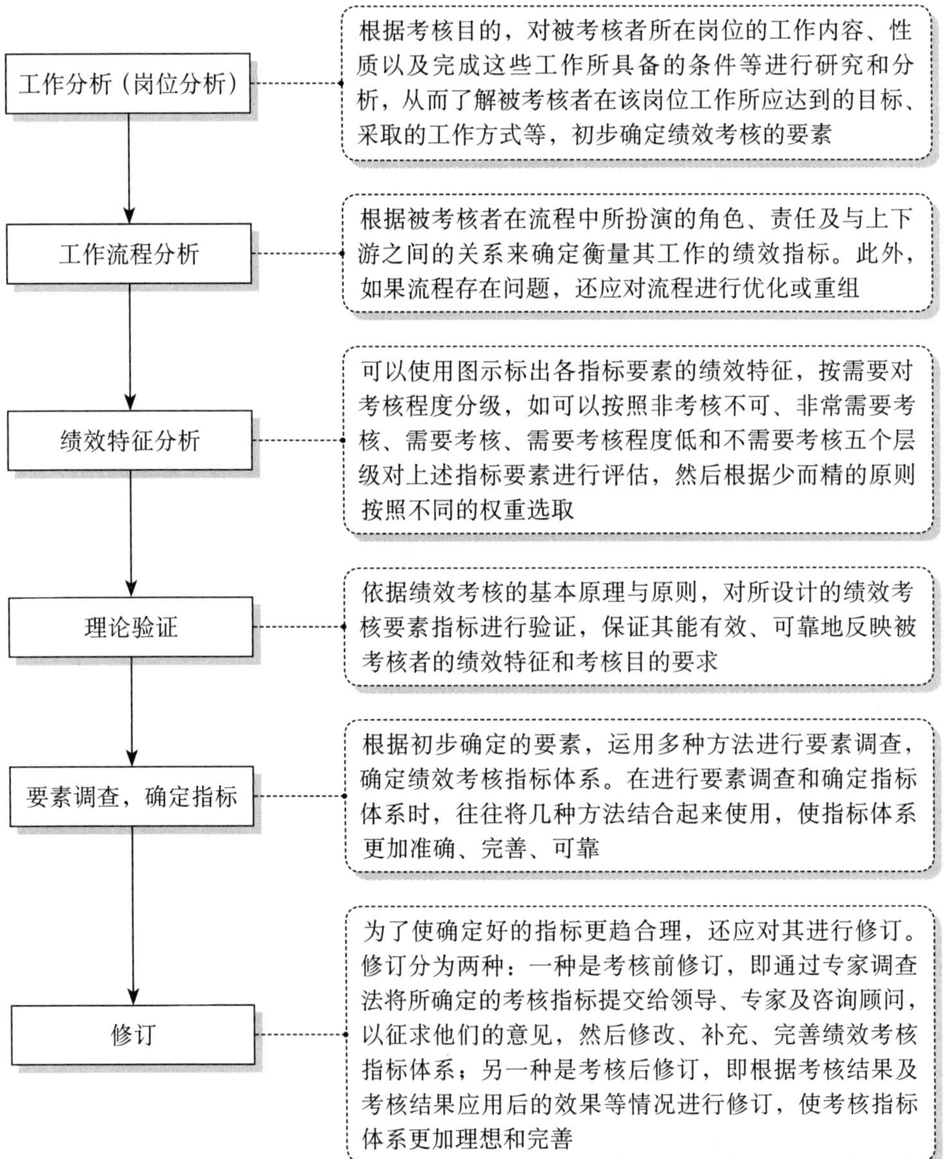

图15-7　绩效考核指标的设计步骤

349　绩效考核指标的设计原则

绩效考核指标的设计应遵循 SMART 原则（见图 15–8）。

S	Specific（具体的）	绩效考核指标设计应当细化到具体内容，即切中团队主导绩效目标的，且随情景变化而变化的内容
M	Measurable（可衡量的）	绩效考核指标应当设计成员工可以通过劳动运作起来的，且结果可以量化的指标
A	Attainable（可达到的）	绩效考核指标应当设计为通过员工的努力可以在时限之内实现的指标
R	Relevant（相关的）	绩效考核指标应当设计成能观察、可证明、现实的确存在的，且与其他目标相关联的指标
T	Time–bound（有时限的）	绩效考核指标应当是有时间限制的

图15-8　绩效考核指标的设计原则

350　关键绩效指标的设计步骤

建立关键绩效指标体系的目的是让员工按照绩效的测量标准和奖励标准去执行，从而真正发挥绩效考核指标的指导作用。

关键绩效指标的设计步骤如图 15–9 所示。

第一步	确定员工个人或部门的业务重点，确定哪些个体因素或组织因素与企业相互影响
第二步	确定每一职位的业务标准，定义成功的关键因素，即满足业务重点所需要的策略手段
第三步	确定关键绩效指标
第四步	分解与落实关键绩效指标

图15-9　关键绩效指标的设计步骤

下面提供两个某电商公司客服人员绩效考核表的范本，供大家参考。

【经典范本 08】客服人员绩效考核表

电商客服专员考核评分表（月度）

考核时间：　　年　月

<table>
<tr><td colspan="4">姓名：</td><td colspan="5">岗位名称：电商客服专员</td></tr>
<tr><td rowspan="2"></td><td rowspan="2">序号</td><td rowspan="2">考核项目</td><td rowspan="2">权重</td><td rowspan="2">指标要求</td><td rowspan="2">评分等级</td><td colspan="3">得分</td></tr>
<tr><td>自评</td><td>上级</td><td>结果</td></tr>
<tr><td rowspan="5">任务绩效</td><td>1</td><td>指标完成率</td><td>20%</td><td>（实际销售额 ÷ 计划销售额）×100%</td><td>指标完成率≥ 100%，得 20 分
80% ≤指标完成率＜ 100%，得 16 分
60% ≤指标完成率＜ 80%，得 12 分
40% ≤指标完成率＜ 60%，得 8 分
20% ≤指标完成率＜ 40%，得 4 分</td><td></td><td></td><td></td></tr>
<tr><td>2</td><td>回复率</td><td>20%</td><td>（回复的客户数 ÷ 总接待客户数）×100%</td><td>回复率≥ 100%，得 20 分
99% ≤回复率＜ 100%，得 16 分
98% ≤回复率＜ 99%，得 12 分
95% ≤回复率＜ 98%，得 8 分
90% ≤回复率＜ 95%，得 4 分</td><td></td><td></td><td></td></tr>
<tr><td>3</td><td>咨询转化率</td><td>20%</td><td>（最终下单人数 ÷ 咨询人数）×100%</td><td>咨询转化率≥ 45%，得 20 分
40% ≤咨询转化率＜ 45%，得 16 分
35% ≤咨询转化率＜ 40%，得 12 分
30% ≤咨询转化率＜ 35%，得 8 分
咨询转化率＜ 30%，得 4 分</td><td></td><td></td><td></td></tr>
<tr><td>4</td><td>连带销售率</td><td>20%</td><td>（多产品组合订单数 ÷ 订单总数）×100%
（根据产品架构调整设置较为合理的连带销售率，目前数据仅供参考）</td><td>连带销售率≥ 5%，得 20 分
3% ≤连带销售率＜ 5%，得 15 分
1% ≤连带销售率＜ 3%，得 10 分
连带销售率＜ 1%，得 5 分</td><td></td><td></td><td></td></tr>
<tr><td>5</td><td>响应时间</td><td>10%</td><td>平均每个客户的旺旺首次响应时间（取工作日上班时间数据）</td><td>响应时间≤ 30 秒，得 10 分
30 秒＜响应时间≤ 40 秒，得 8 分
40 秒＜响应时间≤ 50 秒，得 6 分
50 秒＜响应时间≤ 60 秒，得 4 分
响应时间＞ 60 秒，得 2 分</td><td></td><td></td><td></td></tr>
</table>

（续表）

	序号	考核项目	权重	指标要求	评分等级	得分		
						自评	上级	结果
任务绩效	6	服务态度	10%	抽查聊天记录，判断心态与质量	服务态度为极好，得 10 分 服务态度为好，得 8 分 服务态度为一般，得 6 分 服务态度为差，得 4 分 服务态度为恶劣，得 2 分			
	说明： 此级别有 6 个考核指标，其中 6 个均为必考指标							
	加权合计							
行为考核	1	主动性	40%	1 级：等候指示 2 级：询问有何工作可分配 3 级：提出建议，然后再做有关行动 4 级：行动，但例外情况下征求意见 5 级：单独行动，定时汇报结果	1 级，得 8 分 2 级，得 16 分 3 级，得 24 分 4 级，得 32 分 5 级，得 40 分			
	2	团队精神	40%	1 级：积极传播正能量 2 级：与他人合作不会发生冲突，能让每一位员工参与会议的讨论 3 级：选择最佳赞誉方式并有效授权 4 级：亲自或协同解决冲突并收到良好效果 5 级：工作氛围良好	1 级，得 8 分 2 级，得 16 分 3 级，得 24 分 4 级，得 32 分 5 级，得 40 分			
	3	企业文化	20%	1 级：行为结果与企业文化相背离 2 级：熟悉企业文化 3 级：正确理解企业文化，将企业文化作为工作的核心方针 4 级：认同企业文化，并将其贯彻到工作中 5 级：带动他人领悟企业文化的真正含义，使他人积极践行企业文化	1 级，得 0 分 2 级，得 5 分 3 级，得 10 分 4 级，得 15 分 5 级，得 20 分			

（续表）

加权合计	
总分	总分 = 业绩考核得分 ×80%+ 行业对标得分
考核人	签字 年　月　日

售后客服人员绩效考核表

姓名：　　　　　　　　岗位：　　　　　　　　考评日期：

序号	项目名称	分值	评分标准	数据来源	实际得分
1	平均首次响应时间	10 分	平均首次响应时间小于 30 秒，计 5 分		
			平均首次响应时间小于 40 秒，计 4 分		
			平均首次响应时间小于 50 秒，计 3 分		
			平均首次响应时间大于 60 秒，计 1 分		
			平均首次响应时间大于 60 秒，计 -1 分		
2	平均响应率	10 分	平均响应率大于 97%，计 5 分		
			平均响应率大于 92%但小于 97%，计 3 分		
			平均响应率小于 92%，计 1 分		
3	平均退款速度	10 分	当月平均退款速度少于 24 小时，计 10 分	后台数据	
			当月平均退款速度少于 36 小时但大于 24 小时，计 8 分		
			当月平均退款速度少于 48 小时但大于 36 小时，计 6 分		
			当月平均退款速度少于 72 小时但大于 48 小时，计 4 分		
			当月平均退款速度超过 72 小时，计 2 分		
4	回复率	5 分	回复率达到 100%，计 5 分		
			回复率大于 95%但小于 100%，计 3 分		
			回复率小于 95%但大于 90%，计 0 分		
			回复率小于 90%，扣 5 分		

（续表）

<table>
<tr><th>序号</th><th>项目名称</th><th>分值</th><th>评分标准</th><th>数据来源</th><th>实际得分</th></tr>
<tr><td rowspan="4">5</td><td rowspan="4">投诉维权</td><td rowspan="4">10分</td><td>收到零维权请求，计10分</td><td rowspan="4">后台数据</td><td rowspan="4"></td></tr>
<tr><td>收到1次维权，计8分</td></tr>
<tr><td>收到2次维权，计5分</td></tr>
<tr><td>收到3次维权，计0分</td></tr>
<tr><td rowspan="5">6</td><td rowspan="5">DSR[①]客服人员满意度</td><td rowspan="5">10分</td><td>DSR客服人员满意度较上月提高5%以上，计10分</td><td rowspan="5">后台数据</td><td rowspan="5"></td></tr>
<tr><td>DSR客服人员满意度较上月提高4%以上，计9分</td></tr>
<tr><td>DSR客服人员满意度较上月提高3%以上，计8分</td></tr>
<tr><td>DSR客服人员满意度较上月提高3%以下，计5分</td></tr>
<tr><td>DSR客服人员满意度较上月下降，计2分</td></tr>
<tr><td rowspan="3">7</td><td rowspan="3">客服人员评价</td><td rowspan="3">5分</td><td>客服人员每天坚持评价回复，并做到人性化回复，计5分</td><td rowspan="3">主管观察</td><td rowspan="3"></td></tr>
<tr><td>客服人员及时评价回复偶有疏漏，或者使用统一模板回复，计3分</td></tr>
<tr><td>客服人员对评价经常不回复，计1分</td></tr>
<tr><td>8</td><td>平均解决售后成本</td><td>5分</td><td>每月售后问题处理成本不得超过当月销售额总额的0.5%，每多1个百分点加1分，每少1个百分点扣1分</td><td>财务数据</td><td></td></tr>
<tr><td>9</td><td>退货换货比例</td><td>5分</td><td>每月退换货金额比例不得超过当月销售额总额的5%，5%以下为满分，5%以上每加1个百分点扣2分</td><td>财务数据</td><td></td></tr>
<tr><td rowspan="3">10</td><td>退货工作流程执行</td><td rowspan="3">5分</td><td rowspan="3">每月抽查10个聊天记录及工作表现进行监督（A，90～100分：非常专业，流程熟练，执行力强，发现问题能快速反应，并在规定的时效内提前完成，客户非常满意，问题处理得非常好；B，75～90分：较专业，流程熟悉，执行力较强，能及时发现问题，并在规定的时效内处理完，满意度一般，问题基本处理完成；C，60～75分：专业度一般</td><td rowspan="3">主管检查</td><td rowspan="3"></td></tr>
<tr><td>投诉工作流程执行</td></tr>
<tr><td>换货工作流程执行</td></tr>
</table>

① DSR的全称为Detail Seller Rating，意思为卖家服务评级系统。

（续表）

<table>
<tr><th>序号</th><th>项目名称</th><th>分值</th><th>评分标准</th><th>数据来源</th><th colspan="2">实际得分</th></tr>
<tr><td rowspan="3">11</td><td rowspan="3">出勤率</td><td rowspan="3">5 分</td><td>值班人员按规定工作时间全部出勤，计 5 分</td><td rowspan="3">出勤报表</td><td colspan="2" rowspan="3"></td></tr>
<tr><td>发生 5 次（含）以下迟到、早退等现象，计 3 分</td></tr>
<tr><td>发生 5 次以上迟到、早退等现象，计 1 分</td></tr>
<tr><td rowspan="18">12</td><td colspan="4">团队合作能力评估</td><td>自评分</td><td>主管评</td></tr>
<tr><td rowspan="3">工作报告</td><td rowspan="3">5 分</td><td>工作报告全勤，内容详细，并用心总结和思考，常提出建议性意见，计 5 分</td><td rowspan="17">观察记录</td><td rowspan="3"></td><td rowspan="3"></td></tr>
<tr><td>工作报告全勤，内容详细，并基本反映真实情况，计 3 分</td></tr>
<tr><td>工作报告每月有 1 次没交，计 −2 分；每月有 2 次不交，计 −4 分，以此类推，不设上限（迟交、内容不全均当作没交）</td></tr>
<tr><td rowspan="4">工作计划执行</td><td rowspan="4">5 分</td><td>工作计划平均完成 80% ~ 100%，计 5 分</td><td rowspan="4"></td><td rowspan="4"></td></tr>
<tr><td>工作计划平均完成 50% ~ 80%，计 3 分</td></tr>
<tr><td>工作计划平均完成 50%以下，计 1 分</td></tr>
<tr><td>工作计划基本没执行，计 −2 分</td></tr>
<tr><td rowspan="3">配合度</td><td rowspan="3">5 分</td><td>安排工作时（包括临时）积极配合执行，计 5 分</td><td rowspan="3"></td><td rowspan="3"></td></tr>
<tr><td>安排工作时（包括临时）基本配合执行但不积极，计 2 分</td></tr>
<tr><td>安排工作时（包括临时）不配合执行、拖拉甚至影响团队，计 −2 分</td></tr>
<tr><td rowspan="4">部门会议</td><td rowspan="4">5 分</td><td>会议全勤参加，并及时出席，并经常提出建设性意见，计 5 分</td><td rowspan="4"></td><td rowspan="4"></td></tr>
<tr><td>会议全勤参加，并及时出席，会议议程中经常发言，计 3 分</td></tr>
<tr><td>会议全勤参加，并及时出席，但不常发表见解，计 2 分</td></tr>
<tr><td>会议缺勤 1 次 / 月，计 −2 分，2 次计 −4 分，以此类推，不设上限（超过 30 秒集合时间、缺席均当作缺勤）</td></tr>
<tr><td>13</td><td>主管附加分</td><td>0 ~ 10 分</td><td>根据员工日常工作表现、工作配合度或特殊贡献酌量加分</td><td>观察记录</td><td></td><td></td></tr>
</table>

第三节　绩效计划制订

351　什么是绩效计划

绩效计划是管理者和员工对员工应该实现的工作绩效进行沟通，并将沟通的结果落实为正式的书面协议即绩效计划和评估表，这是双方在明晰责、权、利的基础上签订的一个内部协议。

绩效标准是指针对特定职务工作规定员工在工作中应达到的各种基本要求。

绩效目标是在绩效标准的基础上，依据员工现有的绩效水平而对员工提出的具体要求。

352　绩效计划书的内容

绩效计划书是用于指导员工行为的一份文书，通常包括以下六个方面的内容。

(1) 员工在绩效考核期间的主要工作职责是什么？应达到何种工作效果？

(2) 员工在绩效考核期间应如何分阶段地实现各项目标，从而实现整体工作目标？

(3) 员工在完成工作任务时拥有哪些权利，尤其是具有哪些决策权限？

(4) 员工从事该工作的目的和意义，以及如何展开工作？

(5) 针对工作的进展情况，管理者和员工计划如何进行沟通，并防止出现偏差？

(6) 为了完成工作任务，员工是否有必要接受某一方面的培训或掌握某种工作技能？

353　谁来制订绩效计划

客服人员的绩效计划是客服经理与客服部员工双向沟通的结果，所以该计划应该由客服经理和客服人员共同制订。

354　制订绩效计划的准备

1. 信息的准备

(1) 关于企业的信息。为了使绩效计划能够与企业的目标保持一致，在制订绩效计划前，客服经理与客服人员需要重新回顾企业的目标，保证在进行沟通之前双方都熟悉企业的目标。

(2) 关于部门和团队的信息。每个部门和团队的目标都是根据企业的整体目标分解而来的。不仅企业的经营型指标可以分解到生产、销售和客服等部门，而且对于业务支持性的部门，其工作目标也必须与企业的经营目标紧密相关。

(3) 关于员工个人信息。员工个人信息主要包括所在岗位工作描述的信息，员工在上一个绩效期间的绩效评估结果。

2. 沟通方式的准备

在进行绩效计划沟通时，客服经理采用什么样的方式保证双方对绩效计划的内容达成共识，需要考虑不同的环境因素，如企业文化、员工特点及所要达到工作目标的特点。如果客服经理希望借助绩效计划向全体客服人员做一次培训，使他们了解企业的发展前景和战略目标，以激发他们的士气，那么就可以召开客服部员工大会，明确每个人在实现目标过程中的分工，这有助于人员间的协调、配合，同时还可以提前发现工作中可能存在的问题。如果主要是员工个体性的工作目标，那么可以采取单独沟通的方式。

3. 沟通环境的准备

在进行绩效计划沟通前，客服经理和客服人员应该确定一个双方都空闲的时间，在沟通的时候应尽可能避免干扰。沟通的气氛要尽可能轻松，不让客服人员感到太大的心理压力。

355 绩效计划的沟通

绩效计划沟通的过程如图 15-10 所示。

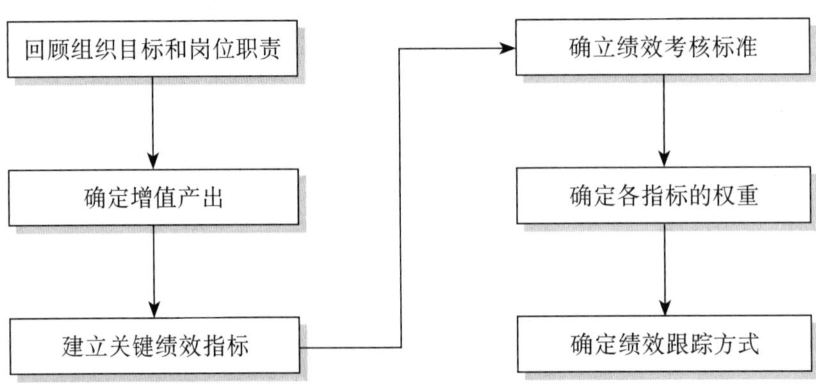

图15-10　绩效计划沟通的过程

1．回顾组织目标和岗位职责

（1）考核期内，企业的工作目标是什么？

（2）员工在考核期内要完成的工作目标是什么？

（3）员工应该在何时完成这些工作目标？

（4）员工在考核期内的工作职责是什么？

2．确定增值产出

（1）考核对象有哪些日常性工作任务？

（2）考核对象有哪些专项工作任务？

（3）完成这些任务应该达到什么样的效果？

（4）员工在工作过程中应表现出哪些典型的工作行为？

3．建立关键绩效指标

可以从数量、质量、费用和时间四个方面来界定具体的工作任务，并量化绩效指标。

4．确立绩效考核标准

（1）定量化标准。绩效指标应当尽可能地用量化的数据来表示。

（2）行为描述性标准。对于难以建立定量化指标的工作，客服经理可以采用行为锚定法来建立可观察、可度量的行为系列，以此作为绩效评估的标准。

制定绩效考核标准的方式有以下四种（见图15-11）。

1 管理者先拟定绩效考核标准，然后与员工沟通、讨论，最终双方达成一致意见

2 员工先暂定绩效考核标准，管理者在此基础上进行修订和调整

3 管理者和员工分别拟定绩效考核标准草案，然后相互比较、共同讨论，最后达成共识

4 第三方（咨询顾问公司或人力资源管理人员）负责召集会议，在管理者、员工、第三方在场的情况下共同制定绩效考核标准

图15-11　制定绩效考核标准的四种方式

5．确定各指标的权重

（1）以百分比的方式划分任务权重。

（2）以5%或10%作为权重的刻度。

6．确定绩效跟踪方式

（1）需要收集哪些信息?

（2）需要收集的信息有多少?

（3）什么时候收集信息?

（4）谁负责收集信息?

（5）谁会收到这些信息?

356　绩效计划的确认

客服经理与客服人员通过沟通确定客服人员工作计划的要点后，制订绩效计划，双方要在该计划书上签字确认。绩效计划书一式两份，客服经理与客服人员各保留一份，作为客服人员在未来考核期内的工作指南，同时其也是客服经理对客服人员的工作进行监督、检查与评定的重要依据。

第四节　绩效考核实施

357　开展绩效管理培训

要保证绩效管理有效实施，绩效管理培训必不可少。

1．开展绩效管理培训的目的

开展绩效管理培训的目的如图15-12所示。

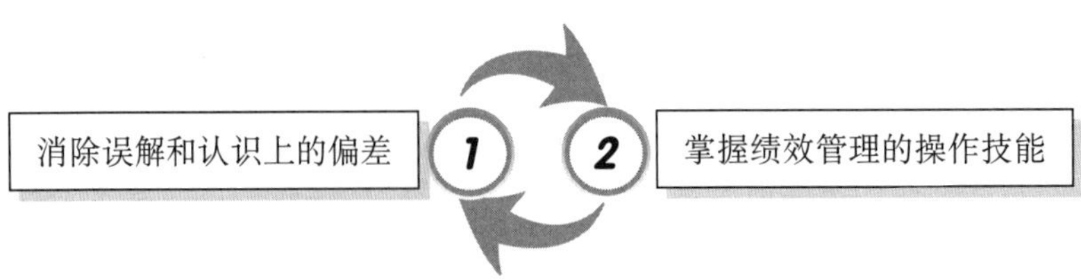

图15-12　开展绩效管理培训的目的

（1）消除误解和认识上的偏差

客服人员对任何形式的评估都会很敏感。有的客服人员因平时与客服经理的关系不太好，担心自己的评估结果不公正。有的客服人员不太理解绩效评估的实施，容易产生抵触情绪。有的客服经理认为绩效管理是展现自己权力的机会，可以“教训”一下某些人，也可以拉拢一下某些人。有的客服经理担心给某些客服人员评低分会影响他们之间的关系……客服经理和客服人员对绩效管理有这么多的误解和抵触情绪，一定会影响绩效管理工作的开展，所以必须通过绩效管理培训，使客服经理和客服人员对绩效管理有一个全面正确的认识，并主动、积极地支持与配合绩效管理工作。

（2）掌握绩效管理的操作技能

实践中，实施绩效管理的人员需要掌握诸如制定绩效指标和标准、做好工作现场的表现记录、正确评分、进行绩效沟通等技能，否则就达不到绩效管理的目的。

2．绩效管理培训的内容

绩效管理培训的内容如表 15-4 所示。

表15-4 绩效管理培训的内容

序号	培训课程	课程目的	课程说明
1	绩效管理的介绍	本课程概要性地讲解关于绩效管理整个过程的知识。培训讲师将通过讲解，举一些企业中的例子让客服人员了解绩效管理的目的和过程，消除由于不了解绩效管理而带来的紧张感和焦虑感	课前发给客服人员一份绩效管理手册，内容包括： （1）什么是绩效管理 （2）绩效管理的方法和提供的信息有什么作用 （3）企业用什么样的程序来保证绩效管理的客观性和准确性 （4）在绩效管理中使用什么工具
2	绩效评估的介绍	本课程主要讨论和分享目前绩效评估中存在的影响因素，包括绩效评估方法的选择、工作描述的准确性和绩效标准设定中的问题等	通过实际操作性的活动，使学员学会如何做好工作描述。该课程最重要的内容是分析关于绩效评估中的偏差。培训讲师可以使用角色扮演、案例分析和录像带等方法使学员认识到光环效应、趋中误差、首因效应和对比效应等评估误差，以及避免的方法，以便更好地实施绩效管理。学员一般为参加绩效管理的评估人员（主要是管理人员）

（续表）

序号	培训课程	课程目的	课程说明
3	关键绩效指标的介绍	本课程主要是为了让客服人员了解： （1）关键绩效指标的定义、内容，学会设定关键绩效指标 （2）设定关键绩效指标的重要性 （3）了解关键绩效指标的 SMART 原则 （4）学会建立客户关系示意图和定义工作产出 （5）学会设定关键绩效指标和标准	关键绩效指标的设定是进行绩效管理的基础，培训讲师将与学员讨论和分享目前绩效指标设定中的问题 通过实际操作性的活动使学员学会如何运用客户关系示意图的方法定义工作产出和关键绩效指标
4	绩效评估工具的介绍	本课程主要是为了让客服人员了解： （1）绩效评估中常用的评估工具，如何正确使用这些评估工具 （2）描述评估工具的设计 （3）解释如何将被评估者的行为对应到评估量表中 （4）了解不同评估者评估的差异	本课程通过讲解、练习等方法使评估者正确掌握评估工具的使用，并了解评估者对评估结果的影响
5	绩效反馈面谈的介绍	本课程主要是为了让客服人员了解： （1）如何有效地准备绩效反馈面谈 （2）列出绩效反馈面谈中所要讨论的内容 （3）确定绩效反馈面谈的时间	本课程通过讲解、练习等方法使评估者正确掌握如何开展绩效反馈面谈工作，在面谈中可能出现的问题，以及面谈各个环节的时间确定等
6	实施绩效反馈面谈的介绍	本课程主要是为了让客服人员了解： （1）如何有效地实施绩效反馈面谈 （2）对比有效的和无效的绩效反馈面谈技巧 （3）描述非语言行为在绩效反馈面谈中的作用 （4）掌握如何控制面谈的过程使之不偏离预期	本课程通过讲解、练习等方法使评估者正确掌握如何实施绩效反馈面谈，掌握面谈中的各种技巧。例如，如何建立双向沟通关系、如何利用非语言交流、如何控制谈话的方向等
7	绩效改进的介绍	本课程主要是为了让客服人员了解： （1）针对绩效管理中出现的问题，如何去解决它们 （2）客服人员在绩效管理方面存在的有关知识和技能、兴趣、动机、努力程度等方面的问题 （3）掌握针对各种具体问题如何给予督导和帮助的方法	对一名合格的主管和评估者来说，指导和咨询是必备的基本技能。培训讲师将帮助学员了解下属在绩效管理方面存在问题的原因，以及如何给下属提供一些指导和帮助

358 开展绩效辅导

绩效辅导是指客服经理和客服人员讨论有关工作进展情况、潜在的阻碍和问题、解决问题的办法、客服人员取得的成绩及存在的问题，以及客服经理如何帮助客服人员等信息的过程。它贯穿整个绩效管理过程。

1. 绩效辅导的作用

绩效辅导的作用在于帮助客服经理能够前瞻性地发现问题并在问题出现之前予以解决，其根本目的在于对客服人员实施绩效计划的过程进行有效的管理。绩效辅导的作用如图 15-13 所示。

1. 了解客服人员工作的进展情况，以便及时进行协调
2. 了解客服人员工作时遇到的阻碍，以便帮助客服人员解决困难，提高绩效
3. 可以通过沟通避免一些考核意外的发生
4. 掌握一些考核时必须用到的信息，使考核有目的性和说服力
5. 帮助客服人员协调工作，使之更加有信心地做好本职工作
6. 向客服人员提供所需的信息，以使客服经理和客服人员步调一致

图15-13 绩效辅导的作用

2. 绩效辅导的分类

绩效辅导是为客服人员的工作提供支持的过程，按照支持内容的不同，可以把绩效辅导分为两类，一类是客服经理提供技能和知识支持，帮助客服人员矫正错误的行为；另一类是客服经理提供人力、财力等资源支持，帮助客服人员获取工作必备的资源。

(1) 纠正客服人员错误的行为：当客服人员行为错误或出现目标偏差时，客服经理要及时对其的错误行为进行纠正。

(2) 提供资源支持：客服人员由于自身职能和权限的限制，在某些方面可能会遇到资源调度的困难，而这些资源正是其完成工作所必需的。此时，客服经理应向客服人员提供必要

的资源支持，协助其完成工作任务。

3. 绩效辅导对管理者的要求

绩效辅导贯穿绩效管理的全过程。每次在进行绩效辅导时，客服经理都应该了解以下九个问题。

（1）客服人员所定工作目标进展如何？

（2）客服人员在哪些方面做得好？

（3）客服人员在哪些方面需要改善和提高？

（4）客服人员是否在朝着既定的绩效目标前进？

（5）为使客服人员更好地完成绩效目标，需要做哪些改善？

（6）在提高客服人员的知识、技能和经验方面，客服经理需要做哪些工作？

（7）是否需要对客服人员的绩效目标进行调整，如果需要，怎样调整？

（8）客服经理与客服人员在哪些方面达成了一致？

（9）客服经理与客服人员需要在哪些方面进行进一步的沟通？

4. 绩效辅导的沟通

无论是从客服人员的角度还是从客服经理的角度出发，双方都需要在绩效实施过程中进行持续的沟通，因为每个人都需要从中获得对自己有帮助的信息。

在绩效管理中，常采用的沟通方式有书面报告、会议沟通和一对一面谈沟通等。每种沟通方式都有自己的优点和缺点，我们在选择时应依实际情况而定。

359 开展绩效评估

在绩效评估阶段，客服经理对员工进行绩效评价的依据为绩效计划阶段所确立的标准和辅导阶段收集的数据。

1. 汇总和检查客服人员的相关绩效数据

只有先汇总、检查客服人员的相关绩效数据，才能进行评估。为了保证数据的质量，客服经理应当确认绩效数据是否准确、完整、适用，如果发现数据不实，就需要对其进行证实，客服经理可把这些数据和自己收集的数据进行对比，以判断绩效数据的准确性和真实性。

2. 选择合适的评估方法

客服经理只有在确认数据充分且正确后，才可以根据这些数据对客服人员的绩效完成情况进行评估。在评估中，客服经理应根据客服人员的实际工作特点和情况，分别采取不同的评估方式。评估时，要做到重要的评价指标没有遗漏、评价标准与工作绩效紧密相关、评价过程公正有效。

360 绩效面谈

在绩效评估结果生效之前，客服经理必须与客服人员就评估结果进行绩效面谈。绩效面谈的主要目的是使客服经理和下属客服人员对绩效评估结果达成共识。绩效面谈的三个步骤如图 15–14 所示。

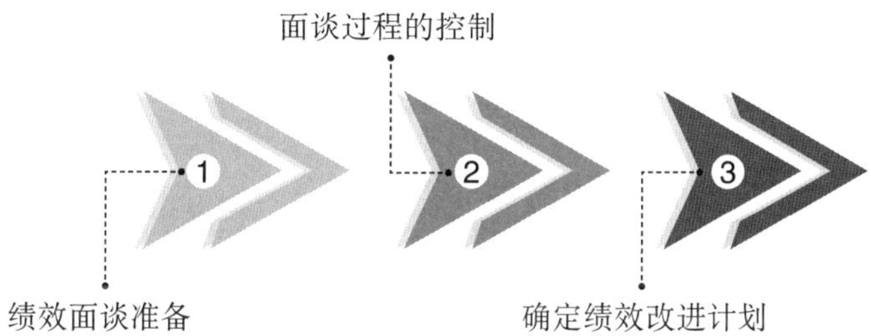

图15–14 绩效反馈面谈的三个步骤

1. 绩效面谈准备

要保证绩效面谈的效果，客服经理和客服人员必须做好充分的事前准备工作。

(1) 客服经理应做的准备工作

在绩效反馈面谈前，客服经理应做的准备工作如表 15–5 所示。

表15–5 客服经理应做的准备工作

序号	准备事项	详细内容
1	选择适当的时间	(1) 和客服人员约定绩效面谈的时间 (2) 计划好面谈将要花费的时间，有利于把握面谈反馈的进度和双方工作安排
2	选择适当的地点	(1) 可以选择在客服经理办公室、小型会议室或类似咖啡厅等地点 (2) 注意安排好双方的空间距离和位置。距离太近，容易造成压抑感；距离太远，又无法清晰地获得信息

（续表）

序号	准备事项	详细内容
3	准备面谈评估资料	（1）充分了解面谈对象的详细情况，包括教育背景、家庭环境、工作经历、性格特点、职务及业绩情况等 （2）准备面谈所需的资料，包括面谈对象的绩效评估表、日常工作表现记录等
4	计划面谈的程序	（1）计划好如何开始：根据具体的谈话对象和情境，准备相应的开场白 （2）计划好面谈的过程：先谈什么，后谈什么，要运用什么技巧才能达到面谈的目的 （3）计划好如何结束：何时结束面谈、如何结束面谈

（2）客服人员应做的准备工作

在绩效反馈面谈前，客服人员应做的准备工作如图 15–15 所示。

1. 回顾上一考核期内的表现与业绩，准备一些能证明自己绩效情况的资料
2. 对自己的职业发展有一个初步的规划，正视自己的优缺点和有待提高的地方，以便和客服经理共同制订改进计划
3. 面谈是一个双向沟通的过程。事前要准备好向客服经理提问的问题
4. 事先安排好工作时间，避开重要的和紧急的事情

图15-15　客服人员应做的准备工作

2. 面谈过程的控制

建立彼此的信赖关系是绩效沟通面谈成功的前提。客服经理要向客服人员清楚地说明面谈的目的和作用，要能够充分调动客服人员参与讨论的积极性。客服经理要注意倾听员工的意见，这有利于客服经理全面了解情况。面谈的主要内容如下。

（1）回顾和讨论过去一段时间客服人员工作的进展情况，包括客服人员的工作态度、工作绩效和企业文化建设等。

（2）讨论计划完成情况及目标是否实现。

（3）客服经理对客服人员的绩效做出评估。

（4）客服经理向客服人员提出工作建议或意见。

（5）客服经理提出对客服人员的要求或期望。

（6）讨论客服人员从客服经理那里得到的支持和指导。

（7）讨论客服人员工作现状及存在的问题，如工作量、工作动力、与同事合作、工作环境和工作方法等。

（8）客服经理向客服人员提出改进建议或解决办法。

（9）客服经理阐述本部门中短期目标及实现目标的方法。

（10）客服人员阐述自己的工作目标。

（11）共同讨论并确定下一个考核期的工作计划和目标，以及为实现此目标应采取的相应措施。

3．确定绩效改进计划

在绩效面谈中，客服经理对于双方达成的共识应当及时记录下来，同时对下一阶段的绩效重点和目标进行计划，从而使整个绩效管理的过程形成一个不断提高的良好循环。面谈结束后，客服经理和客服人员要将达成共识的结论性意见或双方确认的关键事件或数据及时予以记录、整理，并填入客服人员考核表。对于双方达成共识的下一个考核期的绩效目标，客服经理也要进行整理，形成新的考核指标和考核标准。

第五节　绩效考核结果应用

361　用于招聘决策

通过分析客服人员的绩效考核结果，客服经理对客服部各岗位的优秀人才所应该具备的优秀品质与绩效特征会有更深的了解，这会为招聘过程的甄选环节提供十分有益的参考。

通过分析客服人员的绩效考核结果，如果发现客服人员在工作能力或态度上存在不足，而又无法通过及时、有效的培训得到弥补，客服经理就要考虑重新制订招聘计划，并注重招聘工作能力强、态度端正的客服人员，以满足提升客服人员工作绩效的实际需要。

362　用于员工报酬分配和调整

绩效考核结果应用于薪酬决策方面主要有三种形式，具体如下。

（1）用于确定奖金分配方案，即决定客服人员的短期薪酬，也可以称为“刺激薪资”。

（2）作为调整客服人员固定薪酬的依据。这部分薪酬是以客服人员的劳动熟练程度、所承担工作的复杂程度、责任大小及劳动强度为基准确定的。

（3）作为福利、津贴制度变革的尝试。

363　用于人员调配和职位变动

通过绩效管理活动，客服经理可以掌握客服人员各种相关的工作信息，如劳动态度、岗位适合度、工作成就、知识和技能的运用程度等。根据这些信息，客服经理可以正确地做出人力资源决策，有效地开展客服部门员工的晋级、降职和降级等人力资源管理工作。

364　用于确定客服人员培训需求

基于绩效考核结果的培训决策流程如图 15-16 所示。

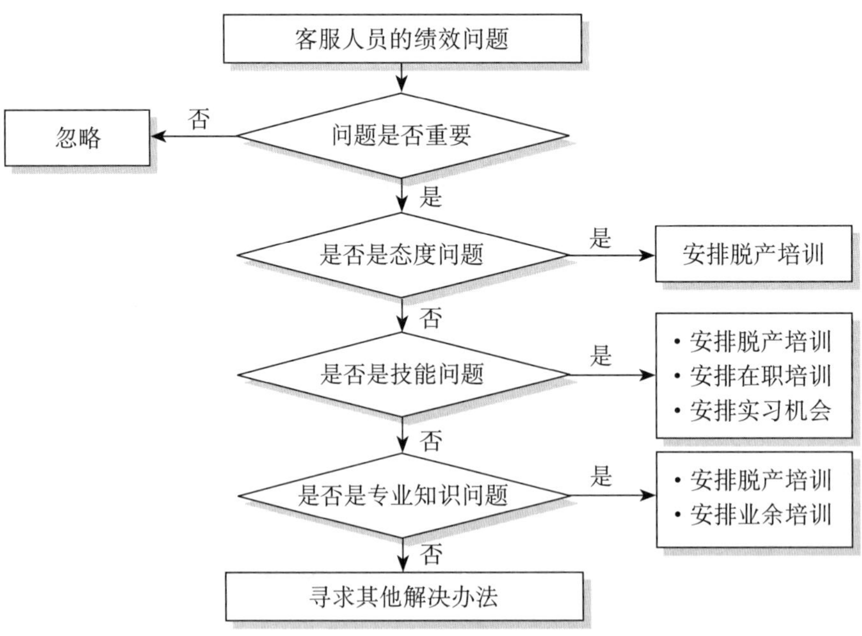

图15-16　基于绩效考核结果的培训决策流程

图 15−16 所示的流程提供了运用绩效考核结果确定培训需求的具体思路与过程。在对绩效考核结果分析的基础上，客服经理要找出客服人员绩效差距的原因，进而拟订出有针对性的客服人员培训方案。

365　用于客服人员个人发展计划

个人发展计划（Individual Development Plan，IDP）是指客服人员在一定时期内完成的有关工作绩效和工作能力改进与提高的系统计划。这是一种直接从绩效评估延伸出来的由一系列表格组成的绩效改进计划。

1. 个人发展计划的目的

（1）帮助客服人员在现有工作上改进绩效。

（2）帮助客服人员发挥潜力，使其在经过一系列学习之后有升迁的可能，其重点仍是改进绩效。

2. 个人发展计划的内容

（1）有待提升的项目。

（2）提升这些项目的原因。

（3）目前的水平和期望达到的水平。

（4）提升这些项目的方式。

（5）设定达到目标的期限。

3. 制订个人发展计划的步骤

制订个人发展计划的步骤如图 15−17 所示。

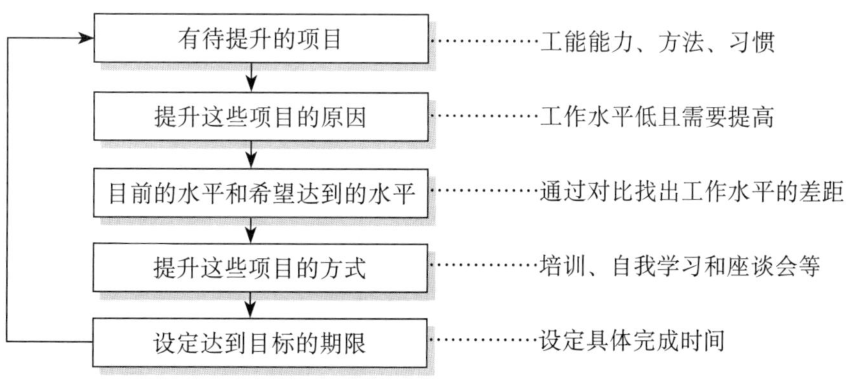

图15−17　制订个人发展计划的步骤

4．制订个人发展计划的过程

（1）客服经理与客服人员进行绩效评估沟通。在客服经理的帮助下，客服人员能很快认识到自己在工作中哪些方面做得好，哪些方面做得不好，找到目前存在的绩效差距。

（2）客服经理与客服人员共同就客服人员在绩效方面存在的差距进行分析，找到客服人员在工作能力、方法或工作习惯方面有待提升的地方。

（3）客服经理与客服人员根据未来的工作目标的要求，选取客服人员目前在工作能力、方法或工作习惯方面最迫切需要提升的地方作为个人发展项目。

（4）客服经理与客服人员共同制定针对客服人员改进工作能力、方法、习惯的具体行动方案，并制定客服人员个人发展项目的期望水平和目标实现期限及改进的方式。必要时制订实施过程中的检查核实计划，以便客服人员分阶段地达成目标。

（5）列出提升客服人员个人发展项目所需的资源，并指出哪些资源需要哪些人员提供支持。